Hermes
the origin of messages and media

Peter Weidhaas

法蘭克福書展前主席衛浩世回歸自我之旅

書展邊緣的獨行

Nachrichten aus dem Off

衛浩世——著
張淑惠——譯

書展邊緣的獨行

法蘭克福書展前主席衛浩世回歸自我之旅

00 老年萬歲

年輕人渴望長大，以此為人生目標，青壯年期被認定為利多成長期。而我們現在所處的第三個人生階段，晚年期，則為損失下坡期。這是這個文明社會預設的人生階段，我們生活在其中，也是多數人終其一生的依循。

非所願地，我們因出生匆忙地來到這個世界，驚慌失措地環顧四周，發現我們的小腦袋上方有兩個人低頭緊盯著我們瞧。不久，我們管他們叫「媽咪」和「爸比」或「阿爸」和「阿母」。如果一切順利進行，這兩個人會牽著我們的小手，引領我們認識這即將來臨的陌生世界。之後還會加入更多想要帶我們一窺世界究竟的人，為我們解釋環境，指引我們該走的方向。他們可能是祖父母、叔叔、伯伯、阿姨，也可能是陌生人、老師、警察、牧師和善心人士等等。

但這時候，情況複雜了許多，我們突然發現了自己的存在，卻不瞭解自己；太多的感覺困擾著我們，遠大的夢想不斷刺激著，性別的特徵開始明顯，我們開始感到混亂。我們茫無目的地到處奔跑，截至目前所學的似乎一無用處。這時，我們遇到另一個也有同樣際遇的人。我們選擇對方作爲我們的人生伴侶，希望和她在一起，可以克服這一切混沌。但這個人基本上也面臨類似的定位問題，我們需要一點時間，才能眞正明白我們能做什麼，眞正想做什麼，我們究竟是誰。

在還沒眞正找到我們追尋的那個東西之前，生命又冒出新的重大任務，那就是我們必須學得一技之長，然後貫徹到底。奮戰勢在必行：想要生存的人，就必須奮戰！我們建立了自己的家庭，必須擔起養家的責任。因爲從現在起，我們要當孩子的好爸爸，在事業上要成功，要讓無依無靠的人有個避風港。這不是件簡單的事，因爲不會再有人牽著我們的手，告訴我們該何去何從。而此去路途上遇到的人也不會對我們假以辭色，因爲他們追求的目標和我們一樣。

眾人皆敗，唯你獨贏，尤其是當你不隨波逐流，不願只爲名利而失去自己的時候。

當你還在披星戴月一路過關斬將，渾然不覺，歲月的痕跡已經悄悄烙印在自己身上。你打算充耳不聞，因爲你根本不願意接受事實，你只想繼續征戰。但一切都太遲了，你已經離開了戰場。四十幾年來你在氣球裡嬉戲追逐，如今這顆氣球把你掃地出門，你再也回不去了。

看看自己，你一直拒絕接受的事實，現在終於映入眼簾：頭髮禿了，牙齒鬆脫，膝關節疼痛，連手關節、背部和手指都顫抖不已。更慘的是，醫師開始一一列出重病清單，於是你開始接觸其他相關科別的醫師。那原本距離你非常遙遠的世界頓時和你熟識，死神第一次從你眼前飄過。

你開始陷入沉思，你原以為你的存在是永恆的。老了才想來蓋房子，可難了！屋頂上的瓦片陸續掉落，牆壁還要死命撐著，堵塞的水管待清。原屬於你生活中不可或缺的許多部分都要放棄：包括菸酒、性愛、運動、娛樂等林林總總，連許多好友也突然離你遠去。

面對這一切挫折、失敗，你還剩下什麼？你腦裡萌生正面的認知，你體悟到「銀髮」階段是你生命中無可逃避的一部分。老年人不願意接受自己的年齡，不斷找尋挽救的方法，整容、拉皮、染髮等，這種人不在少數。其實成年人臉上的皺紋和白髮只會讓人更顯高貴、有智慧。從某個年齡開始，我們都必須為自己的容貌負責。

慢慢地，你瞭解死亡讓生命更完整，有了這樣的體悟，你內心得到平靜、從容，因為萬物正走在它應走的軌道上。

也因為有了這層體悟，你可以更從容地回顧過去：穿梭在記憶中住過的屋子，帶著回憶的家具，那些在生命中遇過的人，你由衷感到滿足。帶著微笑看著過往的經歷和體驗、過去的愛和奮戰過的戰役。回憶沒有隱藏創傷的過去也不賴。如果年輕晚輩有興趣，或許可以和他們分享你的經驗。如果他們沒興趣，也無妨，反正我們老人家不苛求改變這個世界。

我們想要瞭解，或者想確認過去究竟犯了哪些錯誤、哪裡出錯。我們每個人都會犯錯，沒有一個人的人生是純淨無瑕的，只是我們要知道錯在哪裡。知道有錯，不必感覺沮喪，回憶錯誤的地方，然後選擇原諒，原諒自己，原諒對不起我們的人。會回憶的人才能原諒。重要的是，我們要和自己和自己的生命取得共識。

恐懼死亡，沒什麼好否認的，那是害怕死亡即將帶來的痛苦。但我們願意從容地迎接死亡的到來，因為死亡讓我們的生命更完整，那也是我們一生起落追求的目標。

這就是這個現代文明社會、父母、學校、職場和退休生活為我們編織出來的人生。這樣的人生呈現出拋物線狀的線圖：先是上升成長達到高峰和成熟期，之後就是下坡、失敗和老弱殘病，最後結束……

然而，另外還有一種畫面更貼近實際的人生，那就是沉入大海中的石頭。石頭激起一圈一圈的漣漪，每圈漣漪逐漸往外擴散，離石頭越來越遠，在某種節奏中與其他漣漪向外飄散：擴散而非沉淪，行動而非停滯不前。漣漪代表一個人面對的使命和責任，我設定每個人面對的使命和任務是相同的，無論男女，也無論其所屬的文化。

人生的第一個使命就是在空間和感情上與父母親有一定程度的脫離，距離要大到足以形成獨立的身分定位。其次是找尋符合自己能力和創造自我認同感的職場軌道，當這個「自我」固定下來後，才能完成下一個人生使命：將這樣的人生定位「傳送」給下一代或同儕。這種具備堅定自我認同的人，在所有社會中非年長者莫屬：他們是知識的累積者，集體價值和經驗的傳承大師。

生命的最後階段還剩自己與自己和平共處，接受自己的一切經歷——藉此在心靈層面上與自己合而爲一。

*

年屆四十時，我內在充滿生活鬥志和勇氣，當時的我強烈自覺自己來到不惑之年，回顧過去：

四十歲
開始走下坡
和其他人一樣
慵懶的指尖
抓著顫抖的小燕雀
頓時體會
我開始走下坡

第一次

開口唱著
我的歌
毫不悲情
愉悅地望進
隨軍女販那顆熱血的心

絕望消失了
涼爽的星期四
有葡萄汁的氣息
神聖夜來臨前的
上坡
下坡
是我小小的自由

（筆於一九七七年五月，舊金山）

五十歲，我開始有意識地結識五十歲上下、充滿生命熱忱和自信的朋友和同儕。他們驅走我對年齡的恐懼，甚至讓我展開另一種新人生。

六十歲，無可避免地，倦怠感共和國終於逮到了我，是我這個生命階段要效勞的國度：

清脆的「噗」聲，它把我吐了出來，那果凍般的氣球，裡面天天上演著每個人的人生，那就是我們共同稱之爲「文明社會」的地方，滿載一切荊棘阻礙、喧鬧和擁抱、追求和獵奪的戰場。「噗！」我跌在遠遠的綠草地上，落地時一時重心不穩，害我跌斷了手關節。

這個小意外分散了我的注意力，我竟沒發現周圍的景色有多美，綠意盎然的樹群綠草皮上還不時妝點著色彩繽紛的小花，藍空上飄著輕柔的秋雲。

然而，我一時悲從中來，一古腦地只想繼續奮戰下去，和過去四十年一樣：回到氣球裡面繼續征戰，不許失敗。我不假思索地高舉雙手拳頭直指向天，當然也包括那隻受傷的手肘。我渴望回去，我一定要戰鬥下去。我把眼睛貼近氣球，完好的那隻手遮著光線，我使勁往裡頭瞧，看到後進坐在我的椅子上工作的模樣，看到他們出包、捅婁子。我感到驚恐萬分，指甲拚命抓著氣球表面，想回到球裡。

我不想承認，我現在站在另一個眞實的世界裡，因此我看不見大自然圍繞著我，我還不願意接受，我被氣球吐出來到的世界是個眞實世界。我壓根忘了，我曾經也一度重新從這外面硬擠進「文明社會」那個世界，雖然在氣球外生活一直是我嘴上嚷嚷的願望，曾經是我對外表態的未來目標。

以前我對「文明社會」深惡痛絕，我不想過著緊張兮兮的生活，也不想成爲文明社會大家庭的一分子，不想說著它的語言，不想認同它的文化。因此，我漠視那些能夠讓我在氣球征戰世界無往不利的規範，因爲我想在氣球之外生活。

然而，來自於父母親、師長、教會和相關制度負責人加諸於成年人的壓力非常大，與日俱增。只要屈服於這些社會體系中的任一項，就會迷失，我似乎就是其中一例。但該如何在氣球之外生存？怎麼養活自己？在不偷不搶的前提下，又該如何賺到生活所需的金錢呢？

但至少我之前享受過國民教育義務的福利，對於自己排斥進入氣球的舉動，多少懷有一點點罪惡感。

最後我還是重新鼓起勇氣，擠進那透明的氣球世界裡，重回氣球社會的回頭路好崎嶇，花費的時間也比我原先預計的還要久，僅有一技之長還不夠。一開始，無數的嫉妒和阻力打擊著我，還有來自多方的排斥，即便是我出身的社會最底層階級也不容納我。因此，如果我想在氣球內存活，我必須戰鬥。但當我奮戰成功後，事情變得更困難了。

最後，我變成了戰鬥機器，遺忘了生命賦予的本質，忘了對他人的關心，忘了愛。渾然不知，我已經失去了靈魂，一切都變成了理所當然的反射動作，老實說還夾帶著欲望。我太汲汲於自己的事務，我常以「價値」模糊掩飾利益，而不願承認那不過就是我薄弱的欲望罷了。

而今，這突如其來的「噗」，透明氣球外層的裂縫又迅速緊閉起來，社會棄不復年輕的我如敝屣，無情地將我歸於退休一族：沒有用了，把位子讓出來吧——社會還要繼續往前走啊！

現在，我坐在綠草地上，環顧四周：看著眼前這顆活潑亂跳的氣球，依稀感受到氣球內部的喧鬧。眼神游移到茵茵草地上、樹叢、小溪和地平線盡頭的山稜（爲了不使這畫面太落於俗套，我強忍不提棲息在樹枝上啾啾吟唱的小鳥兒）。

你好歹也回歸到現實「生活」。

你是這環境的一部分，也是地球的一分子，你就是大自然。

仰躺回綠草地上，雙手（包括受傷的手）枕到後腦勺下，看著藍天和藍天上肆意變形的白雲。

就這樣，我結束了人生的戰爭期，邁入晚年。即便這過程有多麼教人震驚，我內在充滿無限希望。那「噗」聲仍猶在耳，但從現在起一切都不同了。在那世界裡，我苦尋許久，最終找到自我身分認同。而如今我已筋疲力盡、身心疲憊不堪，那聲「噗」是我從那世界退出來最直接的體悟。

一開始是對失敗的反射性動作，但不消一會兒，我停止猛抓氣球外層的抵抗動作，把更多希望放在即將來臨的驚喜上。走入「退休」的我們，不也老是渴望結束被工作捆綁的奴役生活，開始隨心所欲過無止境的自由人生，擺脫他人主宰我們人生的日子嗎？過去，隨心所欲的生活根本是天方夜譚，但現在美夢成眞。從現在起，我們要活在當下，徜徉在大自然的節奏裡，「蟲鳴鳥叫」的天堂樂園。眞正的人生現在才要開始，相信能在氣球外不同的生活中找到渴望的人生——那才是一定要體驗的人生。

01 臨別讚言

我原本計畫七十歲退休，想在這之前離開工作崗位確實困難重重。我努力奮鬥過，畢竟法蘭克福書展的最高職務被賦予重要的功能，我已經成爲享譽盛名的德國書商交易協會（Börsenverein des Deutschen Buchhandels）內部的重要「幹部」。幹部有其功能性，不是隨隨便便就能一走了之。

此外，我還是一位成功的幹部，我在協會所屬的展覽公司奉獻了三十二年歲月，其中最後的二十五年擔任總經理暨法蘭克福書展主席職務。執世界知名的成功展覽活動的管理重責大任，達四分之一世紀之久，但現在我只想退出，離開這個占據我生命這麼漫長的熙攘世界。

我並非以工作來看待這份使命，而是以我全部生命在經營它，書展已成爲我存在的一部分。書展活動以及我策動的書展相關活動成功與否，牽動著我存在的一切，但我同時也被這份工作吞噬著。這之間的來龍去脈，詳述於我之前的兩本書中：《憤怒書塵》（*Und Schrieb Meinen*

Zorn in den Staub der Regale）、《集書人：法蘭克福書展前主席衛浩世二十五年任內的祕辛》（*Und Kam in die Welt der Büchermenschen*）。

本來不會這樣的，但它就是發生了。熙攘嘎然而止，我只想回歸自我，開始過平凡的生活，一個落實在純粹當下的生活，接近大自然，置身在一般人群中。我只想感覺當下，不想再追逐成功、但令人心力交瘁的未來，而是感受這裡和現在。

退出讓我一時陷入措手不及的震驚之中，在一個有別於過去、從未體驗的世界裡，我分不清方向，我必須再次接受一個陌生的世界，進入它的內心。最後一次的探險，也是浩蕩深層的內在探險，就在那一聲「噗」中響起了序曲。

剛退休的那幾天、那幾個星期，我還享受著自由和無憂無慮的感覺，眞正把它消化成事實是在某天夜夢中：夢中，我夢到自己的工作已經走到盡頭，夢的最後以悲傷的眼淚收場。這場惡夢發生在退休後幾天。

勒恩（Rhön）露營區管理員來我的辦公室；搬到勒恩山區小屋之前，我和家人放假時常到那露營區度假。我請他找個位子坐下，然後轉頭又在辦公室裡忙東忙西，某種程度上是故意讓他看看我忙碌的模樣。

下一個畫面：我跳下擠得像沙丁魚罐頭般的電車，隨著人群魚貫往人群雜沓的觀光勝地移動，我想那是美因茲（Meinz）的馬克—夏卡爾（Marc-Chagall）教堂。我突然想起，露營區的那個人還在我辦公室裡，於是轉過身，奮力回頭穿梭在迎面人流中來到公共電話亭，想打電話回辦公室。電話亭裡裝設了數台公共電話，但也擠滿等著打電話的人潮。終於讓我搶到電話，我慌張地伸手到口袋裡找零錢。口袋裡零錢一大把，但每當我在零錢堆中找到一元馬克硬幣，拿起來時它就變成一先令或一法郎或其他國家的硬幣。我開始手忙腳亂，排在我後方和旁邊等待打電話的人群開始指指點點、焦躁地騷動著。我猜想公共電話應該也可以接受紙鈔，我非常確定錢包裡有一張十元馬克紙鈔。但錢包一打開，裡頭滿滿盡是外國紙鈔，大多是非洲貨幣。皮夾、公事包，所有袋子裡，能打開的我全找遍了，盡是一疊疊尚比亞的克瓦查、中非的法郎，還有阿根廷的披索。最後我終於在某個褲子口袋裡找到一枚髒污的五十分尼硬幣。我把它稍微清理一下，還好塞得進公共電話的投幣孔。我撥了號碼打到公司。

接電話的是國際部門亞洲業務部的曼非德・芬德樂（Manfred Fenderen），他還故意用一串中文應答。我請他幫我轉到我的辦公室，他回答說他會試著轉過去。但之後電話裡沒有聲音，我重新撥了號碼，又是曼非德。他說：「我們以前老闆的聲音，我當然認得。」然後掛掉電話。

我絕望地準備收拾起散落一地的皮夾、袋子和雜物，然後把電話讓給後面的人，但發現那一疊疊還要拿去兌換的外國貨幣、證件都被偷走了。最糟糕的是，儲存所有數據、記錄我一生歷史文章的電腦，全都不翼而飛。我走到兌幣櫃台，裡頭有一位穿著藍色衣服的非裔女職員，我跟她說我東西遺失了。她只是聳聳肩說：「那我也愛莫能助啊！」絕望中，我開始無聲地吶喊。

「自我是另一個人。」法國詩人韓波（Arthur Rimbaud）如是說。能接收到另一個自我捎來給我的信息，我心存感激，對我來說，這個自我是陌生的，雖然過去我不時讓它出手、以直覺性處理那些重大的決定，直到後來才發現那些決定竟然都是正確的。

被我們理解成自己的那個人，其實是歷史上的我們，混合著基因特性，但主要是我們經歷和學習到的一切所構成的自我形象，無論是從社會上，還是從周遭的同儕身上。總之，這個自我是我們終其一生從自己身上創造出來的形象。理解這個自我，亦即面對它，並且將它和表象的自我形象區隔，最後再和這個「陌生」、但事實上就是我們自己的自我合而爲一。這段自我形成的過程就是老年人這個生活階段勢在必行的任務。

過去我希望退休後會有截然不同的生活，我期待生活更明亮、更輕鬆，終於可以離開生活戰場，好好休息一番。但退休幾個星期後，我開始拋開這些理所當然的天眞想法了。

某個週末，我花了好幾個小時重新回味我命爲Curriculum（課程）的資料夾，叫出檔案，舊地重遊，爲一路上認識的人命名。我搭建了一間我以前的房間，將一件件記憶中的家具擺在它們原來的位置上。

其實遺忘才能活得更自由、更從容，才能眞正將心思落實在生活最重要的本質上。但看樣子其實也沒有所謂沒有回憶的遺忘。庸庸碌碌的生活中，很多事情被壓抑、排擠，大多是因爲事件本身帶來的痛苦。然而無法回憶的人，無法瞭解，也無法原諒。

我回憶，也大量閱讀，在詩人和作家的作品中尋找他們邁向晚年過程的經驗。我出乎意料之外地發現，這些善於思考的文豪看待老化現象竟如此聽天由命，其中不乏創造世界文學的偉大作家。他們幾乎清一色抱怨失落，還沒有告別舞台的心理準備，不甘於此的心情不言而喻：

馬克思・佛里胥（Max Frisch）：當他刮鬍子時，勉爲其難地看著鏡子裡鬆垮的皮膚和眼睛下方的眼袋，不過就是暫時的倦容罷了，他拒絕被這景象給驚嚇了。只是牙齒騙不了人，有時候還會在夢裡掉牙齒，大家心知肚明，這是怎麼一回事。牙齒嚇到他了，眼睛也是：白淨的牙齒變灰、泛黃了（節自《我的名字是干特白》〔*Mein Name sei Gantenbein*〕，蘇坎〔Suhrkamp〕出版社。法蘭克福：一九六四）。

尚・考克多（Jean Cocteau）：有個東西晴天霹靂地出現在你身上，那個東西可惡地蔓延到全身，你終於不得不承認：「我老了。」沒錯，但你寧可聽見別人說：「你好年輕。」你寧可相信別人對你的諂媚（節自《存在的難處》〔*Die Schwierigkeiten zu sein*〕，庫爾特・德仕〔Kurt Desch〕出版社。慕尼黑：一九五八）。

伊歐涅斯柯（Eugène Ionesco）：對我來說，只要每天是個奇蹟，只要我還能愛，只要我還能思考，只要我還能回憶，只要我還能寫……只要我不重複……。然而我知道，度完了這最後的假期，後天我將成爲老人，或許是個健康的老人，但年輕的老人最可惡了（節自《日記隨筆》〔*Tagebuch – Journal en miettes*〕，DTV袖珍本第七七二冊。慕尼黑：一九七一）。

娜塔麗亞・金茲伯格（Natalia Ginzburg）：沒有讓人驚喜的能力以及意識到無法製造驚喜，讓我們逐漸踏入無聊的國度。年老讓人無聊，也很無聊：無聊更凸顯了無聊；年老散播無聊就像墨魚噴墨……（節自《強音》〔*Akzente*〕文學雜誌，一九七二，第三期雙月刊）。

艾美瑞（Jean Amery）：他稱之爲他的「生命」的東西，即經歷和放棄的總和，同樣也是他昨天仍視爲他生命的東西，充其量不過是餘年。他現在就能預見他的餘年就是單調又無聊地複製那些已揮霍的歲月（節自《關於老年：反抗和聽天由命》（*Über das Altern. Revolte und Resignation*），克萊特〔Ernst Klett〕出版集團。斯圖加特，一九七一）。

塞尼加（Seneca）：當人一張開眼睛看見光，就走上死亡的道路，奔向厄運，即便是年少輕狂的歲月，也是一步一步離開生命。我們每個人都誤以爲只有老年人才走向死亡，殊不知連初生嬰兒、年輕人，是的，每個年齡的生命都擠向死亡。命運有它應盡的責任：它拿走了我們對死亡的感覺，才能更輕易地潛進我們身邊，死神正潛伏在生命的面具下（節自《精選三冊集，高德曼經典系列第一三一冊》〔Ausgewählte Werke in drei Bänden, Goldmann Klassiker. Band 131〕，威廉・高德曼〔Wilhelm Goldmann〕出版社，慕尼黑，一九七五）。

然而我猜想，年老還是有快樂的遺忘，我姑且稱之爲「老者智慧」。剛好想起尼采的詩句：

粲然的晴空，你來！
你這死亡
之前如親如戀般最最柔美的甜點！
我這一路是否奔得太急！
而今首度，腳步至此已乏，
你的眼光已經追上我，
你的幸運之神已經和我比肩。
四顧唯有波光與浪戲。

所有的沉重，
都已沉入藍色的遺忘，
我的小舟已閒
風暴與航行——盡皆拋荒，
所有渴求與希望都早已溺死，
而今平滑躺著的，只剩下這靈魂與海洋。

第七種孤獨！
我從未向此際般
接近著這依偎在我身旁的甜柔與平安，
太陽以溫暖的目光寵愛我，
想我山巔上的冰雪，此刻是否依舊白熱灼人？
銀亮、輕快、如一尾魚
這小舟向外游去……

（譯文節自《第七種孤獨：以尼采之名閱讀詩》，陳懷恩譯，果實出版社，二〇〇五）

02 困惑中

原本我滿懷著希望，隨著這一聲「噗」能徹底與緊張兮兮的高壓生活和征戰畫下句點，一切迎刃而解，擺脫所有束縛，在勒恩山區幾近「蟲鳴鳥叫」的大自然中，肆意地徜徉在當下的生活裡，但這個希望很快就幻滅了。

內省、但也自我阻礙的時期：我回憶起，最早我不願意在社會裡一定要有什麼成就，還有害怕隸屬於某種被社會認同的職業。年少輕狂的叛逃後，最終我還是逃回大眾普遍認同的工作，因爲我搞不定內在渴望在社會規範和社會羽翼外獲得的「自由」。這個過程我花了很多的時間和精力，讓自己混亂的內在適應目標的明確性和工作的價値。這時必須有很多的紀律和原則來支撐，但另一方面卻也出現不認同自己生活方式的自我仇恨和鄙視，我一直不認同自己在工作上創造的價値。

「工作就是……無法實現的現實，但透過對無聊事物的愛而能永保期望的歡樂現實。所謂的紀律，意指擁抱讓人受苦的痛苦，而這也就是讓人揮霍生命投入的工作所允諾的……」這段話節自於法蘭茲・珊德（Franz Schandel）刊載於《法蘭克福評論報》（*Frankfurter Rundschau*）上的文章〈工作英雄歌的終曲〉（Das Heldenlied der Arbeit steht vor seinem Abgesang）。

隨後就是一連串的競爭：強迫自己永遠想比別人更優秀，每一次都要贏。這種競爭的壓力不斷地折磨我，我咬緊牙關，但也幾乎屢戰屢勝，無往不利。爲什麼？因爲我身後就是萬丈深淵，是我極力逃脫的混亂，讓我又愛又恨的混亂。我嚴守紀律，強迫自己一定要勝利，因此達到自認爲非我莫屬的高峰——成功的經理人。我的行爲符合工作對我們的要求規範。

「當前經濟系統的準則就是向外擴張性的排擠競爭，它讓所有與意義相關的問題和考量全變成極端簡單化的利益計算：競賽中勝者爲王；敗者爲寇，就會受到撻伐。」（克茲米勒〔Kitzmüller〕，一九九七）這句子一針見血地道盡職場上一直困擾我的矛盾，卻也讓我極力想保留我對自己行爲意義和目的的探索。

而現在，沒有工作不就代表喪失職場競爭力，也就是說，沒有價值，沒有尊嚴嗎？（價值和尊嚴這兩個詞皆源自於哥德語的詞彙 vairths！——請參考馬克思〔Karl Marx〕）「在一個價值（即所謂『多數人的價值』）就是統帥法則的社會裡，『失業』就等於去價值化。」（珊德，同前文）

如果只是一味地透過工作和工作的社會地位來定義自己，這種認同過程最終會以災難結束。這適用於一般性的失業，因喪失社會共識性而導致社會地位下降，以及年屆退休年齡，退出目前社會上當道價值圈的情況。事實上，「『你是誰』這個問題必須凌駕於『你是什麼』之上，這樣人們才會把自己定義爲自己，而不是以他們的社會角色來自我定義，個性的面具才會卸下。工作只不過是人類錯誤的認同。」（珊德，同前文）

我毫無頭緒看著自己，已經有好一段時間沒有外來刺激督促自己，現在我擔心的是這些外來刺激會消失。我偶爾還是有諮詢合約之類的零星活動，例如海外活動或演講。但另一方面，我不知道我是不是還想要這樣？內心已經許久感受不到必須做某件事的迫切性。上一次有相同感受是一九九五年，待在勒恩長達七個星期之後。過去，我內在偶爾會自動湧起想要抓住什麼或做什麼的力量，這時我往往會聽從內在的聲音，否則我只能一而再、再而三地自我催促去做我根本不想做的事：因爲那是我自己的期待，我不想失敗，而且那是必要的，我必須要贏。

現在我猶豫了，邀約來自各方（出版社、萊比錫、大學演講、顧問等）。一方面，我擔心如果我不接受，很快就會和這個世界脫節。另一方面，如果接受了，他們會對我有所求，而我就會被外界影響，那是我一直想要擺脫的。其實這一切的背後還隱藏著我害怕怠惰的恐懼，害怕變得鬆懈和懶惰，我不想變成一無是處的人。除了這些不被允許的罪惡感外，更多的是對即將老去、生病的恐懼……

不安情緒的混亂。

在墨西哥有了轉折

終於，這情況在墨西哥國際書展主席會議中有了轉折。

「我覺得很無力（impotent）！」我對瑪格麗塔・席拉（Margarita Sierra）說道。我特別選了這個讓每個自認很有男性魅力的男人聞之色變的字眼。事實上，我真的覺得有深深的無力感，就像我唯一一次和心愛女人分手後癱軟的感覺。

然而，會有這樣的感覺還有其他原因：我始終無法放手，主席的職務或許已經放掉了，但還是無法擺脫必須對書展負責的感覺；我始終認爲我要爲書展的進步、成功及後續發展負責；我始終望著未來的方向，想當領航者，無法滿足於曾經達到的目標（過去的成功），總認爲必須繼續規畫未來（我的座右銘是：昨日的成功不提也罷）。

我越來越強烈感覺必須擺脫這些外來的要求。在巴黎、倫敦、華沙、萊比錫、布宜諾斯艾利斯、芝加哥的那幾個星期，我感覺腳下如履薄冰，終於意識到蒙蔽我的幻象，這個幻象在墨西哥還能勉強維持著假象。一如以往，在墨西哥，人們推崇我爲偉大的領舞者、導師。但我越來越感覺，我的成長跟不上這個角色的要求，因爲我不再具備將我的想法付諸實現的能力。突然間，我感覺自己扮演著否決的角色，一個對後進說「不」的人，尤其是像倫敦的海倫・席樂（Helen Shirer）和芝加哥的美國書展（BookExpo American, BEA）的年輕人格里高里・T（Gregorian T.），但也包括越發自覺和我在競爭、來自瓜達拉哈拉（Guadalajara）的瑪格麗塔・席拉。

事實上，面對科技化的「賺錢機器」，如線上版權交易商 Rightcenter.com 公司的衝擊，我只想呼籲各書展產生警覺心並永續經營。我卻忽視那正是我們法蘭克福虛擬書展未來發展的方向。這正是迫使其他人轉向目前市場版權電子化尋求出路和可能性的原因之一。那也是在我們推動下才出現的。

法蘭克福書展之前決定的方向前後完全一致，也是正確無誤。因此當我在墨西哥獲知法蘭克福書展電子化的發展現況時，我突如其來踩煞車的異議顯得特別唐突。法蘭克福書展的進度已經比其他地區更早一步了，現在必須尋求與 Rightcenter.com 和其他人的策略聯盟，才不至於走上絕路。不過這項發展計畫我已無法獨力完成，我選了其他領域的職務，只是現在這個職務我也無法上任。這讓我更明白，我眞的是局外人了。

我在勒恩小屋裡，又是個陰雨綿綿的夏季。我待在外頭二十二天了，試圖讓自己平靜下來，有時候確實也辦到了。我試圖保持距離，偶爾敲敲打打，做做運動，滴酒不沾：目標就是讓身體保持健康穩定，降低體重、解壓，再度恢復矯捷。我希望恢復昔日的健康狀態，也總是能輕易從內在激發出驅動力、興致和力量，不會被外界控制或受外務影響。

因此，我耐性地等待：等待我的內在有所改變，讓某種意志發揮創造力，產生想要伸手抓住什麼東西的力量。

我一邊等待，但也沒空著手邊的工作（我在穀倉裡蓋了一間工作室）。這期間，大雨不停下著，我必須打開屋裡的暖氣、整天待在屋內。

我讀著俄國人傑圖玄克（Jewtuschenko）的著作，不久前曾在克倫斯塔（Kronstadt）和他見過面。但大部分時間，我閱讀阿爾及利亞籍作家阿希亞・杰巴爾（Assia Djebar）的作品，她在二○○○年十月獲頒德國書商和平獎。我羨慕他們兩人，更羨慕後者的語言能力。

這之間，我看清我在書展的工作不過就是平淡的賭博遊戲，我只是透過法蘭克福書展這個頭銜支撐我的身分認同，毫不抵抗成了「法蘭克福先生」，然後倚靠著這個商標，不再努力前進，不再探索，不再閱讀和書寫——只是空轉，必要時動一動罷了。

阿希亞・杰巴爾，《白色的阿爾及利亞》

三個朋友：心理學家博塞希（Mohfoud Boucebsi）、社會學家布克荷扎（M'Hamed Boukhobza）和演員雅羅拉（Abdelkadar Alloula），三人同時也是作家，一九九三年三人在五十多歲時遭謀殺身亡。他們夜半時分來到遙遠的美國加州騷擾這位女作家，和她對話，好似他們還活著。也就是說，在她心裡，他們還真實存在著，而這個事實促使她開始探究阿爾及利亞悲慘的現代歷史中，被謀殺、慘遭酷刑迫害和跟蹤的知識分子和作家們的一切，向世人訴說這些作家同儕人生中最後的片刻和死亡。

她的筆觸帶著愛、無與倫比的詩般語言，以及女性特有的同理心，讓人在閱讀時感受到悲傷或偶爾怒從中來，但沒有仇恨和沮喪，震驚卻不否定，轉而對這些突然身亡的高貴作家揚起濃厚的興致，不禁為殘酷又美麗的阿爾及利亞文化的兩面化喝采。

阿希亞．杰巴爾，《幻想》

一位女作家的自傳交織著被法國鎮壓的阿爾及利亞歷史，即作家的祖國。

她的一生在三個語言——柏柏爾語、阿拉伯語和法文中起起伏伏。這本書以欺壓者的語言——法文所寫：

「我的夜晚充斥著法國文字，儘管死者不斷復活……。雖然公墓上方的烏鴉、胡狼咕噥般地撕扯，我一直相信可以像抓鴿子般抓住這些字。」然而，這個文字讓她從一個沒有聲音、必須終其一生無語、禁錮在其內宅的穆斯林女性角色解脫。杰巴爾的作品也翻譯成德文，她的語言是一種充滿畫面、會沸騰、會飄動的東方語言。作家布合和茲（Hartmut Buchholz）在德國《巴登邦日報》（*Badischen Zeitung*）上描述：「她的文字會跳舞，畫面會呼吸，聲音和曲調、吶喊和私語、呢喃和結巴。」

我很少會帶著這樣的喜悅沉浸在語言的神祕之中。隨著這個女人進入她的回憶，進入她的受苦同胞且大多是女性的集體記憶中，是一種喜悅。雖然這些回憶大多充斥著謀殺、囚禁和鎮壓，和《白色的阿爾及利亞》一樣，讀者卻不覺得心情沉重。爲什麼會這樣？那是女人的愛和同理心，她是全心全意在回憶，而不是對不公不義嚴峻批判。

北京西站

聽說這是全亞洲最大的火車站，火車誤點了六個小時。麥可・芬德爾（Michael Fenderl）和我，花了十元人民幣（一・四歐元）在這個堪稱夜半難民營的車站租了一把躺椅：明亮的大廳大約擺了兩百個床位，半公尺高的圍牆將男女分開。

從北京到西安車行時間大約還要十六個小時，我腹瀉得厲害，像個滑水選手般屈著上身，緊抓車廂壁的支撐手把，整個人掛在火車的糞坑上，火車還不時猛力煞車。

車外大雨滂沱，洪水氾濫，髒污的工業城、殘破的屋舍和草房。我坐在火車餐廳裡，火車剛好橫越了黃河，這讓同車的中國人一時群起激動地指指點點。

沿途經過蒼綠的山丘景色、黃土高原、被沖刷出來的異形異狀小山谷。山坡上每寸可栽種的面積全開墾栽種。田地裡，農人個個彎腰忙著，空氣迷濛又看不透。

這眞的是一個超級有「共識」的社會，這一點可從中國城市的交通一窺究竟。這裡似乎沒有規則可言，但一切似乎又依循著魚群法則進行分際。

金錢取代了意識形態，政治領域頂多只有五十幾歲的老領導人感興趣，年輕人則不願放掉眼前任何可以賺錢的機會。金錢的權力令人目眩神迷，而且錢來得飛快。眼前看不見貧富之間的矛盾，每個人都有權利創造屬於自己的幸福。

在這裡，美國文化還是主流，到處高樓林立、精品店、廣告、流行音樂。中國，這個我們西方人總是將之與「陌生國度」劃上等號的國家，短短幾年間已變成西方資本主義的複製品。連一向抗拒外來干預、和毛澤東攜手以自己的方式探索現代化（社會主義：當然也是一種西方、歐洲的產物）的中國文化，終究也委身於西方的資本主義。

中國年輕人受夠了集體化的束縛，他們開始蹩手蹩腳尋找自己的獨特性，最明顯的就是衣服、髮型和行爲舉止，還有每個人都會一點英文。中國人的生活（個人也是如此）、中國文化經常呈現一種輪迴的特色，圖像式的中國文字就像是一個極點，在所有環繞旋轉的中央坐鎮著，一切繞著這個極點旋轉，經過數千年亙古不變。

如今，以目標爲導向的西方文字也在這裡大獲全勝。

中國的年輕人轉過身背對古老的中國文化，他們想要逃離，他們想要活在此刻、當下。他們最後的選項已經化身爲動力十足、但也極盡破壞之能事的西方資本主義。

突如其來，我身上又發生一件出乎意料之外的變化：繼從中國帶回來的腸問題之後，過去這兩天我又染上惱人的流行性感冒。凌晨一點左右，我全身冒冷汗驚醒，喉嚨發癢忍不住猛咳，換掉濕透了的上衣。我一把抓起藥包和被子，躡手躡腳走出臥室，不想吵醒老婆。

我待在樓上的廁所裡，陷入沉思：我很瞭解，從中國回來後，這惱人的體弱多病顯示我目前的生活狀況出現危機。我使勁用力，仍無法逼迫通便靈（中藥通便劑）生效；那是服用中國止瀉藥之後搭配使用的藥物。終於，就像婦女生產般，我的身體產下一個結實渾圓的物體，隨著肛門括約肌一陣痛楚，我的痛苦獲得解脫，隨後又解放了細長的條狀物，就像前面物體的尾巴或胎盤。

算是與書展主席職務的切割，在過去二十五年的歲月間，這職務是我心靈的支撐架。但也因爲該職務的責任，我無法將自己定位爲獨立的個體，這個支撐架始終尚未爆破飛散。雖然我的表現已經與該職務劃清界限，內在還沒真正從該職務中解放出來。突然我腦裡閃過一個畫面，蓄勢待發的火箭在升空前，得先搬開支撐架才對。

在中國的時候，我特別強調了「我已經不是書展主席」的宣言，卻還是不小心被迫扮演舊職務的角色，再一次享受到被認同、被盛大款待的尊榮。在啓程前往西安以及從西安離開前，我感受到無可言喻的失落情緒，久久揮之不去。

跨進無拘無束、毫無隱藏的自我的「自由」國度，這個自我仍然缺乏自信，遲遲不敢跨出這一步，讓我不得不緊緊抓住以現在的生活來說根本不可能實現的生活結構。彷彿是「另一個人」的這個自我卻不時透過身體，例如病痛等，想得到認同和瞭解。我很清楚，我必須化解不容欺騙的自我和外在表現的自我之間的矛盾：勇敢跨入不受保護的那個自我的自由國度。

是因爲白天的偏頭痛嗎？我總不時感覺必須做點什麼事，必須積極、處理什麼事的迫切感。被我稱之爲書桌情緒的迫切感已經變成我生活的一部分，不斷督促我要解決掉、處理掉書桌上的工作。但工作永遠處理不完，處理完一個，又冒出另一個。

法蘭克福書展即將開始，我開始記下每次例行參加（爲什麼呢？）的活動日期，答應參加漢堡會議時，我又開始陷入分裂情緒。但根據我的歷史紀錄，我實在無法說「不」，我還是點頭答應了。因爲我還沒準備好，也無法放手：當你突如其來站在外頭或者未來一片空洞時，那該怎麼辦？一種害怕被遺棄的恐懼糾纏著我。

我當然心知肚明，在這個普羅世界裡，我已經沒有未來了，當然也不想再有未來。其實這又是放不放手的問題。你到底什麼時候才要放手？要等到你確定新生活腳下的冰可以承受你重量的時候嗎？

沒有人可以事先計算、保證下一步安全無虞，放手的時間點也無法有意識地挑選，但無論如何，以我今天的感覺看來，時間還沒到。

夏天是個可以好好鬆一口氣的好時節，幾乎是無憂無慮的度假時期，因爲責任負擔不見了。但我還是一刻不得閒，訂下一連串的健康目標（減重、運動、肚子要消下去），不斷鞭策自己。我越來越清楚一點：自由放任的日子不可能有，現在不可能有，未來也不會有！從現實存在生活中精心挑選出來的老年階段，是我們人類必須戰勝的挑戰。

沒錯，過去我認爲，當眞實存在的生活不再充斥普遍存在的利益時，生活就會變得膨脹、空虛和錯誤。直至現在，當我不再滿腦子利益薰心，我才發現過去我還是那其中一分子時，我的行爲有多愚蠢。但當你還在氣球裡的時候，所有人被相同的規範左右著，相互容忍自己和他人的愚蠢：「現在我們玩著同樣的遊戲，站在同一艘船上，不得譏笑或透露國王身上沒有穿新衣。」這會不會就是我在職場上屢屢感覺格格不入的原因呢？因爲我當時滿腦子普遍存在的利益想法存有漏洞，而透過漏洞，我看見了天空和白雲？

直到我太太提起，過去這幾年，書展結束後的那段時間，她總是特別疲累，但今年有不同的感受。這才點醒我：今年秋天我也感覺特別輕鬆、更能放鬆，更清爽些。過去這幾年，書展沉重的壓力帶來的心力交瘁影響了我的感受和行爲，因此每次書展完，我總迫不及待安排一趟陽光之旅（墨西哥、埃及、加納利群島）來逃避。

現在，我輕鬆地坐在勒恩家裡的椅子上，通常十一月會出現的沮喪心情完全沒出現。關節疼痛的問題在這個季節最愛找我麻煩，現在連陰沉、濕冷多霧的鬼天氣也絲毫影響不到我。偶爾來個深呼吸，感到很滿足，彷彿內在深處揚起一股幸福的感受。

是的！我已經決定以正面的態度體驗退休生活，我成功了。連勒恩小屋的功能也變了，它不再是幼稚的逃難所，而是讓我的生活更完整的駐足地。於是，我立刻將雜亂的工作室一角從屋裡移到倉庫去，然後將一直當作通道的區域整理得更有家的舒適感。這裡還有我們的臥室，兩張「床」的臥室成爲我倆安身立命的天地。

前任監事會主席魏克斯勒博士（Dr. Wechsler）寫信來安慰我，如果後進認爲可以做得比我好，要我別難過。但這根本不是我的問題！那不過是新世代年輕人用來遮掩其一無所知的空洞口頭禪。另一方面，現在到處充斥新式的行銷術語，在 new economy（新經濟）的世界，讀者被稱爲 end-user（終端客户），我們必須和這些終端客戶「溝通話題」。Content is King（內容即王道），在圖書交易中價格約束是必要的，否則眼睜睜看著小型書店關門倒閉，可就不是那麼 entertaining（好玩）。

有關寫作障礙

過去這幾年，我的右手出現嚴重的麻痺現象，僅能用左手寫字，但也只能寫印刷體字。也就是說，慢慢地我也無法用書寫來表達自己的想法了。在電腦拯救我以前，我感覺自己完全被封鎖、被囚禁著。

如今，電腦雖然解除了這個障礙，但是直接用手書寫和透過陌生的科技媒介來表達想法還是兩回事。另一個要克服的障礙是使用其他陌生符號。有時候，這樣寫出來的文章，我認不得是自己寫的。建構一篇文章時，我思考要以可閱讀性來塑造文章的形貌，或許這麼做有助於陌生讀者對文章的理解，卻不是我文章最初的眞實。

因此，過去這段時間我不大常寫，只是偶爾純粹記錄下來，沒想過要集結出版。我只是讓未成形的想法有個空間運轉，讓流洩的思緒宣洩，藉此讓未成形、混沌不明的想法有個形狀，變成文字，好讓它們被看見、被評估、被排斥，或繼續被討論。

我不知道這種寫作障礙是打哪來的，彷彿那隻手狡猾地四處遊走，逼得我必須盯緊它，才能讓它老老實實從上到下把字母寫好。但那隻手總是不時左右游移。

每個人的身體語言在在代表它所屬的那個人和這個人的個性，因此，我的寫作障礙可能是我幾十年來與內在矛盾心態和分裂性格戰爭的結果。而這些矛盾心態和分裂性格，多年來透過刻意的書寫工整、提前下決定的喜悅，以及頑強的堅持，被我平衡了。

這是一場幾乎綿延一生的戰爭。它在我青少年初次出現時，我幾乎要舉白旗投降了，直到今日我還是有點招架不住（就像剛剛要寫「贏」的那個「口」時發現的），我的手突然間暴衝向左側，爲了阻止它向左側偏，我拚命緊握筆桿。

我的手想做點別的，但內在的那個我有不同的想法。於是有意識、可以發號施令的這個我，強迫我的手聽隨那個隱藏在內在、無意識、無序又混亂的我。

爲什麼？因爲我害怕混亂？難道是因爲內在那個黑暗、陌生的東西威脅著我？

年少時，我曾和內在那個黑色現實正面交鋒過——或許是被迫的。看著那萬丈深淵，我努力堅持過一段時間。表面看來，我逃避責任、權威和德國人，但我不時睜開雙眼看著那令我恐懼的黑色混亂。最後，我選擇了面對責任、權威和德國人。

現在時期不同了，現在我自由了，從哪裡自由了？自由爲了什麼？從被迫承擔責任、對權威屈服中得到自由，我有自由選擇要不要當德國人。我指的不是從辦公室的工作壓力解脫的自由，不用賺錢養家的那種自由，沒有因爲某些職務帶來期待壓力的自由。當你踏入這一時期，嘴上還在唉聲嘆氣之際，這些自由能讓你輕鬆不少。但對於這種新的舒適狀態，人往往很快就會適應。

我指的是另一種自由，是我以前不敢伸手去抓取的自由，一種朝向內在的自由，一種生活的自由，那是我過去鮮少給它機會萌生的自由。

我的感受就像多年被外族統治的民族突然間重獲自由，卻不知何謂自由。過去，這民族重視的一切被統治者批評得一無是處，他們瞭解的人性全是陰沉、可惡、卑鄙的，他們被迫摒棄他們的本性，甚至加以毀滅。現在統治者離開了，一切都鬆綁了，人們可以自由地體驗生活的喜怒哀樂，但他們仍陷在怯懦的恐懼中，遵守多年來被迫適應的規則。

風吹拂著棕櫚樹的地方
在這裡
夜裡還有深深的黑洞的地方
恐懼竊笑著
愛消失了的地方
鵜鶘劃破天空直落的地方
詩歌在那裡
渴望在那裡
我不在那裡

（節自〈我要起來〉一詩的結尾，寫於一九七五年）

03
重回哈瓦那

我還沒準備好放棄一切新鮮事物，僅專注於此刻和當下。我想重回哈瓦那，過去我曾在那裡找到感情的連結，也在那裡敞開心胸接受許多生命的對話。古巴對許多一九六八年或之後的人來說曾是個希望之地，人們決定成爲「一個嶄新的人」的起始之都。

哈瓦那　一九七五

我們曾爲生命而戰
凡雷拉說著
我們會奮戰到死
凡雷拉說著

可以這麼說著
是多美好的事

古巴曾是一座妓院
我不爲理想而戰
而是
爲自由而戰
人類和古巴
是自由的

凡雷拉說著
我們的政府獨裁專政
自由是責任
我們的責任是未來

我們爲生命而戰

凡雷拉說著
可以這麼說著
是多美好的事
（這首詩寫於一九七五年我第一次造訪哈瓦那之後：凡雷拉〔Valera〕是一名官員，是當時政府當局分配給我的隨行人員）

班德・倫克維茲（Bernd Lunkewitz）是個有點糊塗的出版社主管，當時是東柏林民營化國有出版社「建構」（Aufbau）的所有人。一次偶遇中，我向他提起我的哈瓦那之旅，有一天他突然和我聯絡。

對我而言，那段時間的古巴一切都很眞實：那裡的人、樹根在斷垣殘壁中交錯盤生。但是古巴的人更讓我印象深刻：不再只是忍受純粹無法養家活口的痛苦。在固執的最高領袖菲德爾・卡斯楚（Fidel Castro）統治之下，古巴人在這個美妙的飼育箱裡發展出想像力豐富的獨特性，讓站在飼育箱外的觀察者讚賞不已，甚至感到欣慰。

雜耍藝人、騙子、好幻想的人、枯瘦的乞丐、詩人、音樂家、畫家、奇裝異服的小丑，站在一旁顯得分外安靜的疲憊士兵、有故事的人、板著臉的人，全融合在同一個畫面裡。看著眼前這些在遊樂區裡賺點小錢的小老百姓，顯然地，我們走不進他們的生活，看不見臉孔和外表下的眞實面貌，更別提那些在觀光區外每天爲生活奮戰的現實人生。

我們穿越這個眞實存在的城市，我從不曾那麼歷歷在目地體驗過歷史、生活和瓦解。班德・倫克維茲手指著幾處空著的廣告牌，引起我的注意。有幾個地方，尤其是沿海大道上、濱江公園邊，已經重新整修或重建過。從屋舍殘壁上的傷痕望出去，總不時看見加勒比海天空的湛藍，還有那穿透斷垣殘壁、生命力超強的樹根。

大教堂前面的廣場上，我們很快也變成多采多姿生活劇的一部分：說著蠢笑話賺幾個錢的小丑，穿著衣服的猴子滿臉期待站在一旁，等著和遊客一起拍照，還有演奏騷莎樂調的老男人樂團。就像是精采絕倫的生活舞台，我們也是舞台上的一部分，我不再感覺閉鎖，不再只是個看得目瞪口呆的陌生遊客。而我曾經是。

幾個階梯上方站著一位年輕、「胖得不成形」的黑人混血女性，自稱「來自海德堡的維納斯」。她那渾圓的臀部穩得像極一座山，光滑、冷靜的臉龐一副事不關己的模樣，眼神望著廣場上方，手上拿著幾張紙，顯然是某個商品的傳單。突然間：幾個音樂節拍響起，她那龐大的身軀開始陷入激動的律動，舞著幾個騷莎舞步，然後又直挺挺站著，從容不迫地望著前方。她的動作每幾分鐘就會重複一次，沒經過安排，完全是臨時起意。這個景象讓我驚喜，我坐在一個距離之外等著古巴的經典國飲「莫西托」（mojito）雞尾酒，期待她下一次律動發作。

爲時一小時半的會議中，古巴的文化部長亞伯・布雷圖（Abel Preto）坐在搖椅上，緊張地一直搖晃身體。他是個坦率又活潑的人。和來自革命世代的前一任部長亞曼度・哈特（Armando Hart）截然不同，在類似場合裡，前一任部長只會逕自講一些死氣沉沉又令人神經緊張的獨白。

圖書節開幕後，古巴作家米吉爾・巴內特（Miguell Barnet）介紹了一位令我瞠目結舌的人物，米吉爾說出他的名字「菲德爾・卡斯楚」。不可置信的是：他確實長得跟他一模一樣，同樣濃密的落腮鬍，同樣銳利的眼神，但臉上的線條顯然柔和許多，十足年輕版的「最高總司令」。後來我才知道，這位年輕人叫「費德利多」（Fidelito），是菲德爾・卡斯楚的兒子。有一天，當人民歡慶「最高總司令」百年冥誕時，眼前這位看起來既年輕又精力充沛，古巴人民心裡想必是百感交集吧！

這樣的社會比我們資本主義的戰爭社會更有人性嗎？一九五九年，最高領袖菲德爾・卡斯楚和被敬稱爲神話的切・格瓦拉（Che Guevara）一起推翻當時古巴執政的專制暴君和其欺壓百姓的政權。一九六〇年代，我們滿懷期待，希望在他們領導下，年輕的革命青年能夠建立不同的社會。

一九五三年，當時年輕的律師菲德爾・卡斯楚發起政變，試圖推翻得到政權的獨裁者富爾亨西奧・巴蒂斯塔（Folgencio Batista），結果失敗逃亡。直到六年後的一九五九年，終於在游擊隊長期奮戰下成功推翻巴蒂斯塔。

在那段時間，這個國家是所有期盼美國支持的拉丁美洲腐敗政權瓦解的人最後的希望和指標。但當時，美國試圖動搖這個終於擁有思想自由和遷徙自由的新民主國家，一九六一年，還試圖干預古巴在豬玀灣的襲擊，結果行動失敗。美國對古巴施行懲罰策略，阻礙古巴的經濟發展，同時也迫使古巴政府背離他們一開始決定的外交獨立政策，逐漸向蘇聯靠攏，革命的社會主義性格因而孕育而生。

因此，美國的政策在歐斯底里的作為中讓他們極力想阻止的事情發生了：他們的後院拉丁美洲形成一個社會主義政權，一個無法讓人民溫飽的政府，更別提物質方面的富裕了。隨後，古巴人民的言論和遷徙自由受到了嚴重限制。

但在另一方面，其他諸如集會自由和人民健康照顧等人權即已實現。無用者可任其死亡的剩餘現象未曾出現在古巴，但在不斷增加的所謂「已開發國家」卻屢見不鮮，包括拉丁美洲。古巴也對其他第三世界國家進行醫療救助，他們培育年輕醫師，然後讓他們回到祖國服務。

我在這裡發現的眞實人性畫面，就能證明這是個比較有人性、更沒有距離感、剝削更少的人類共存組織？在上述根據我初次古巴之旅所寫下的詩中，或許還有些許懷疑存在，但也滿懷期待，在這裡可以形成一種新的共存形態。即便無法創造新人類，這偉大的期望在當時西方年輕人的心裡也開始蔓延。

卡斯楚領導的政權更能符合這個期待？從我遇到的古巴小老百姓的從容態度可以清楚回答

這個假設性問題。如果從這個政府無效率的經濟政策、連人民最基本的需求都無法滿足的角度來看，有一點非常清楚：對於健康的人類共存而言，古巴社會系統缺乏一項最基本的條件，那就是自由。

世界到處可見的現象，在古巴這裡也無所遁形。革命軍解放的新世代一旦坐上前任欺壓者舒適的高腳椅，又形成少數決定多數人命運的專制政權。我終其一生在私領域對抗的一切：透過獨裁者、上司、父親、國王和神進行強而有力的壓制——在古巴也成爲暗藏剝削人民基礎的系統。顯然在這裡，人民能夠自我負責、自由生活在沒有剝削的天空下的畫面，只是幻想。

我腦中盤旋著這些令人抑鬱的想法，離開曾經背負我們年輕時希望的島嶼，我心裡非常清楚，年輕世代仍必須努力嘗試解放，不管是古巴或世界其他地方皆然。突尼西亞、埃及和利比亞的阿拉伯年輕人現在正在努力，爲他們的偶像而戰，他們會走上和他們偶像一樣的腐敗之路嗎？

04 衛氏世界編年史

1

我太太英格已經出門了，勒恩小屋裡一片靜寂，只聽見時鐘滴答滴答，外頭的風勢已趨緩和，天剛破曉。我的眼鏡鏡片掉了，我得起身穿上靴子，摸黑到倉庫裡，找出放工作室的精密螺絲起子。右膝關節痛得要命，但我內心平靜。

夫妻就像連通管：當兩人力量勢均力敵時，就能保持平衡。然現在，我不再是形塑這個世界的主動角色了，太太呼嘯前進的力量把我扯入小管子裡，而她自己在她那一邊則呈高拋物線飛了出去。

2

在法蘭克福書展這幾年，不時督促我前進的中心力量就是權力；更確切地說，就是我對權力矛盾的態度。雖然我拒絕它，羞於擁有它，卻又不時利用它。例如，搞不定同事時，我就解雇他們。但每每這麼做之後，我總感覺辦公室瞬間猛烈晃動了一下，所有同事的動作整齊劃一地拉下臉，在我身後列隊。

我年輕時候最深刻的印象就是不信任所有的掌權者，我把撼動我們的六八學運稱爲「兒童起義」，即便我們並非其中一分子。因爲六八學運並不代表任何替代性的政權模式，而是剛好經過了納粹時期，他們對政權和權力徹底感到懷疑。他們想要去除父執輩傳統的政權模式，在去政權化的社會裡，每個人都能以平輩之姿共存，但那根本是天方夜譚，六八運動因此迅速瓦解。

六八學運是最後一次烏托邦式的覺醒，我們遲疑地跟隨它的腳步，並非有意識地認同，而是無意識地從我們自己的生活經驗深處，從與權威相處中衍生的靈魂渴望回應，這些早已殘破不堪的權威轉而向我們人民索討認同。我們身旁的權威，繼納粹以最不人道的方式行使權力、造成空前大災難之後，又開始準備以同樣的手腕對待我們和我們的社會，我們無法接受權威者權弄犯罪系統。

六八學運是對權威者的覺醒，但權威者用來坐大自己的工具卻絲毫未損，也就是**權力**本身。然而，沒有權力也難以成事：大家自立爲王，各自煞費心思，只爲確保自己領域的影響力和權力。因此，沒有權力也寸步難行。

這同時也是困擾我的矛盾點：一方面我厭惡權力的機制，不想要成爲我們曾經澎湃洶湧排斥的那種權威者；但另一方面，戰戰兢兢接下這個領導職務時，我下定決心要有所作爲。一開始我以爲以我的能力就能勝任；很快我就認清了，其實內容並不是最重要的，要說服同仁心服口服接受你的想法談何容易！作爲領導人，你必須有所行動，必須強迫別人接受你的想法。每個人都會受到自我利益的影響。擁有權力，便能隨心所欲，這也是權力最危險之處。但重要的一點，是你在做這件事。最理想的情況是，說服力讓最不眞實的想法發揮到淋漓盡致，但最終如果缺少那麼一丁點權力的臨門一腳，還是功虧一簣。

總之，我原以爲單靠能力就能說服大家。以內容即可取勝的天眞想法慘遭滑鐵盧，跟整個六八學運一樣，當它背離權力之路時，即迅速宣告失敗。因爲各層級眞正的權威者爲了自己，也爲了他們的目標，總是緊握權力，運用權力。

我也不得不如此。因爲我擔任領導職務，如果想要成功勝任這份工作，偶爾也是要伸手揮揮手上這個所謂權力的工具。只有在眞的別無他法時，我才會偶一爲之，但事後內心總是掙扎萬分，因爲我認爲背叛了自己。我必須勉強自己對他人施加權力，例如在董事會裡，我很快就發現，大家在乎的不是內容，而是自己的權力究竟有多大影響力。在這樣的情況下，我不得已必須妥協，罪惡地認同董事會賦予我的權力。直到最後，我偶爾也利用權力去做我認爲正確的事。這當然也造成對權力影響力相當自豪的董事會成員對我不假辭色，以及多方的抗議和憤怒。

3

搭機前往台灣的飛機上，我翻閱著漢學家鮑吾剛（Wolfgang Bauer）的著作《中國的樣貌：中國文化自古以來的自我呈現》（*Das Antlitz Chinas, die autobiographische Selbstdarstellung in der Chinesischen Literatur von ihren Anfängen bis heute*），其前言提到：

> 無數靠近自己的那些臉中，最靠近的那張臉卻總是看不清楚——那張自己的臉。臉上掛著模糊斑點的人們絲毫不覺，在視線看不見自己臉部的情況下，開始闖蕩世界。直到偶然看見鏡中的自己，看見了自己身體之前看不見的部分，看見了整體的自己。
>
> 但那雙用來觀察自己的眼睛，肯定和自己平常用來面對世界的那雙眼睛是不同的，那雙眼睛也即將步上希臘羅馬神話中自戀少年納西瑟斯的悲劇。

我懂了，我滿懷希望看著自己，希望在自己的人生履歷中找到過人之處。過去我不甘於這些年來只做了一份工作，無數的出差活動主要是我自己安排的，但這些安排都是必要的嗎？我已經如願建立了積極的自我形象：有洞就補平，有疑慮就克服，所以……

4

書展期間，我和我的職務接班人瑞士籍的羅任寇‧R（Lourenco R.）在台北國際遠東大飯店三十八樓的酒吧會談後，我發現公司幾乎所有同仁對新接班人的領導方式多有不滿，認爲他們的權益受到傷害。聽見來自四面八方的怨言，我暗自竊喜，因爲我認爲這個工作沒有人可以做得跟我一樣好。這背後甚至還藏著我那小小的瘋狂希望，我希望R鎩羽而歸。

看來我還沒眞正承認自己已經卸任了，還沒眞正從另一個自我中解放出來，始終還沒眞正放手。

5

我在台北書展上瞭解了：雖然數位化溝通是未來的必然趨勢，但書展的地位不會被取代；展覽活動需要參與者主動積極的想法和有創意的行動；版權交易的行政程序後續可在網路上進行。然而，每個書展活動都起始於創意，以及書展參與人在彼此偶遇和溝通中所迸出的火花。

6

我又重讀了一次那本「憤怒」的書（衛浩世，《憤怒書塵》，烏珀塔市〔Wuppertal〕，一九九七）。這一次決定盡量以客觀、和自己保持距離的心態重讀這本書，至少讓自己與這本書維持一種相對性，脫離我筆下或許高估的情境。另一方面，我覺得這本書寫得還不錯。但該如何保持平常心呢？去除自戀的危險性嗎？

冷眼旁觀那個自我，我的自我探索之旅終須有個終點。這本書至少代表著什麼，因爲它描述這趟自我探索之旅。

我很好奇探索之旅的後續進展，我還帶著問號追尋著，即便逐漸感覺靈魂有點沉靜下來。那是因爲意識到我並不在乎後續的結果，過程中的坦誠、感動和探索才是最重要的。目的不在於明明白白找到答案，而是那份感動，不斷探索、探求自己和生命問題的過程，困惑才是目的。

人只要活著，就要有「達不到」的心理準備。所謂完滿的到達只存在於死亡的那瞬間，生命的終點就是死亡，死亡似乎就是生命的加冕。

7

與郝明義的對話：歐洲精選文化，線性、一次元思想的文字產品在他有效率的動員之下成爲西方主流文化。新媒體（電子多媒體：聽、視、讀——圖像）逐漸喚起另一種可能全面性席捲的思維，連電視標上馬賽克畫面的組合也可能形成新的思考模式。中國人的世紀即將開始了嗎？

8

坐在阿姆斯特丹機場等待轉機到法蘭克福時，機場大廳裡不時重複響起奇怪的廣播：*Attensie ausgebifft: Vertrekth-it...*，像極了蟲蟲在我耳裡亂竄。最後我在轉接櫃台才明白它的意思：「請注意，班機起飛……」

後來在機場大廳裡找位置時，發現這項聽覺體驗帶來的啓發：我頓時明白，自己肩負了編年史作者的角色，我正在編寫自己的世界編年史。不管我去了哪裡，身處何處，都要睜大眼睛接收發生在我周遭或與我有關的事物。即便我還在職場上扮演主動形塑這世界的角色時，就已經或多或少客觀（大多時候是主觀的）記錄與我相關或我周遭發生的一切。

9

杜拜：在杜拜的這幾天，我覺得充足了電，雖然腳關節問題加上腹瀉，無法做太大的活動，但整體節奏沒有被中斷，相反地，只是延緩了我的狀態。坐在海灘舒適的躺椅上，遙望一望無際的大海，微風徐徐下，陽光也不是那麼酷熱難耐了。我不時隨著涼蔭移動位置，呼吸新鮮乾淨的空氣：讀著、看著、睡著，或輪流交替。

飯店客人大多是上了年紀的中產階級夫妻，大多來自德國，其中有肉販、商人、形形色色足以負擔中高檔住宿費的遊客。大多數人體重過胖，一副不滿足和沮喪模樣，這不難從他們生氣的臉部表情、啤酒肚和臃腫體型猜測出來。有幾對帶著小孩的年輕夫妻露出快樂的神情，但儘管海邊度假飯店設備齊全，四周景致這麼美麗，看著這些一塊來度假的人們，我感覺還是不太舒服。幾對老夫妻吵架，爭得面紅耳赤，臉部表情反應他們自己的狀況。

閱讀了施密特（Wilhelm Schmidt）的生活藝術導讀著作《關於死亡以及關於時間》（*Über den Tob und uber die Zeit*）：脫離過度壓抑時間和懶散才能擴大對時間的感受。萊茵哈德・舒爾茨（Reinhard Schulz）的《伊斯蘭世界的歷史》（*Geschichte der islamischen Welt*）一書中提到：經濟和政治危機常會讓人們回頭尋求宗教的慰藉，隨著莫名的詮釋衍生出不同力量的行動。尤其是伊斯蘭教地區，我看到人們利用宗教進行誘騙的行爲，而宗教是他們危難時最重要的安慰媒介，也給予教徒最重要的保護。

杜拜除了河區的小巷弄以外，看不到太多東方色彩的痕跡，杜拜是名副其實的消費天堂。誰來消費呢？杜拜八成的人口是外國人，且大多是沒有基本權利的菲律賓、馬來西亞、印尼和巴基斯坦外籍勞工，他們的薪水少之又少。但對其他兩成的杜拜人和百萬觀光客而言，這裡就是最大的購物慶典，這裡販賣的商品包括西方精品、電子產品、金飾、特殊金飾等，聽說價格比其他地方便宜了十五％。

一九七〇和八〇年代時，獨裁專政的酋長將國防預算提高到六一〇〇％，一九七一年六個酋長國組成阿拉伯酋長國時，杜拜這個國家才正式成立。阿拉伯酋長國中，杜拜爲第二大城市，阿布達比爲首都。

10

我因爲腳關節而動彈不得，但實在無法接受這就是我停滯不前的藉口。我還是和以前一樣感覺有股鞭策的力量驅動著我，但那股鞭策的壓力不若過去來自外界，而是來自於自己。我把過去的壓力潛能內化了。即便外頭不再施以壓力，即便我已經不工作了，已經卸下主席職務，我還想保留當時的那份壓力，或者我只是還沒改掉這個習慣呢？

其實，對於很多事情，我仍然學不會置身事外，例如，我會去追究新接任人的某項錯誤作爲：何苦呢？畢竟那已經不是我的事了。

但，什麼才是我的事？死亡嗎？逐漸凋零嗎？在「實」與「空」之間總有什麼東西值得讓我們繼續活下去吧！

11

讀完維克多・克雷波勒（Viktor Klemperer）的日記第六冊（超過五五〇〇頁）：從一九二五到一九三二年間，克雷波勒的生命也出現瓶頸。我對於他當時的經歷印象深刻——他的不確定性、虛榮、想證明自己的迫切性。他四十歲的時候是永恆的 *Momento mori*（謹記死亡時刻終將來到），特別是他快要五十歲時。然而，他苦苦追求的愛人艾娃（Eva）卻陷入憂鬱和自我毀滅。緊接著是仇恨的年代、德國社會政治和經濟窘境。後來他在書中也不時以好奇和厭惡的心態記錄下逐漸擴張的納粹活動。

他是個極端好奇的人，對什麼都感興趣，舉凡剛發明的齊柏林飛船、衛生保健展或貓展、風景，或者他四處在火車上、菜攤、船上或野外攀談的人們，他總是抱持高度好奇。這就是那個時代的社會面貌。

讓人印象深刻的是，當時人們的互動非常密集，頻繁互訪，各種活動聚會，包括討論飲酒和玩遊戲等，人們還會跟著留聲機音樂共舞。他的筆下勾勒出的人類互動關係，是那個時代人民的寫照，雖然只有短短的文字，印象卻深植腦海。

讀完他的六冊日記，我感到滿心歡喜，我與維克多和艾娃夫婦一起經歷半世紀的痛苦甜蜜，我會想念他們的。

相較之下，我還比較能夠理解二十世紀前半葉的德國，面對經濟和政治情況低迷時，許多德國人開始尋求共通性（挑釁的說法就是「狐群狗黨」）的羽翼，走向非理性化。那是永遠學不會、永遠無法眞正被接受的民主行爲。這時期歷經第一次世界大戰，所謂獨裁專制民族最後一次亢奮的共同體驗，還有隨後造成的憾動人類歷史的崩盤、拒絕認錯，以及大多數人民的不諒解。他們開始尋求失落的安全感。

結論：當時社會的平衡機制是相當不穩定的，尤其當經濟處於困難重重的情況下，社會資源分配的極端化迅速形成。另一結論是：個人的力量太薄弱，特立獨行的生活方式特別容易受傷。

反之，我們歷經另一個五十年的和平，以及和平所帶來的經濟蓬勃發展。上帝恩典！

12

昨晚在威斯巴登（Wiesbaden）附近的迪德特鄉村別墅（Landhaus Diedert）飯店爲 K 博士舉辦的惜別晚會，讓我清楚看見我現在已經徹底擺脫協會同儕的膚淺和自負。那根本不是一場爲表現傑出的資深同仁舉辦的惜別會，而是延續下班後令人神經耗弱的祭典。演講人的講話內容只集中在自己身上，而不是惜別會的主角。觀眾百無聊賴地或站或坐，意有所指地面面相覷，聽到演講者說起某人的名字時，眼神還偶爾略帶嘲諷意味地望向那人。觀眾的眼神只有在他們的名字被提及或自身回憶被喚起時，才會瞬間爲之一亮。要不是前任德國圖書館館長、普魯士文化資產中心董事長暨歌德學院下屆院長雷曼（Klaus-Dieter Lehmann）的致詞內容確實流露出他與主角眞誠的友情，那整個餐宴幾乎就淪爲約莫三十人悲慘的餵食大會，他們滿腦子只有自己存在，看不見他人。雖然雷曼的演講內容有部分誇大其詞（例如他讚賞自己在選擇和引薦其接班人時的卓越遠見），但至少演說內容眞的關係到惜別會主角。他眞是令人喜悅的人，總是能讓觀眾在他的演說內容裡找到他們想要的東西。

我和出版社協會的總務羅爾夫・N（Rolf N.）及稅務部的德特雷夫・H博士（Dr. Detlev H.）坐在遠遠的小桌邊。這個暗示已經很明顯，在這個顯貴團體中，我無所求。其實我的想法是正確的，因為坐得遠遠的就不必太刻意管住我那張大嘴巴。這些人還真是貧瘠又悲哀（僅少數例外）！我卻在這裡度過我生命的大部分時間：有人想要搖醒他們，在他們清醒的時候親吻他們。不，還是別了吧！

13

昨天完成了法蘭克福書展歷史回顧的原稿，突然感覺些微迴光返照的亢奮，有點類似剛忙完繁瑣的展覽活動，連之前對於所寫內容還有點遲疑的感覺也不翼而飛。今天卻感覺空洞、筋疲力竭、空虛。讓我生氣的是，新任書展主席R請人轉告我，我還要再多交四個章節（包括六八學運）。算了！他現在是書展主席，但希望之後不要跑來跟我討論內容。如果是出版社要求內容調整，我還可以忍受，他可不行！

然而，讓我心情鬱悶的是那突如其來的空虛感。過去這幾個星期以來，催促我寫這本書的壓力讓我感覺衝勁十足、忙碌、有挑戰性、有朝氣，又是一件可以豐富我人生履歷的戰績。寫這本書的同時，我也較能適當調配每天的其他工作，好騰出時間寫作。每天都過得非常充實，但現在壓力不見了，我只能懶懶地跌坐在沙發上，提不起勁來。因爲支撐我全部力量的那層薄冰突然破碎了，空虛從那破冰竄出窺視著，還有死神。

這就是晚年生活嗎？只能不停歇地往前行嗎？不能順自己的意？不能只是單純地存在嗎？

14

又是一個長週末假期，開車來到勒恩，天空萬里無雲，陽光燦爛，雖然天氣還是有些涼（攝氏九度）。我身體有點不舒服，已經頭痛兩天了，猛冒汗、心悸，四肢關節也疼痛不已，只能坐著無所事事。

過去這幾個星期，我感覺非常好，參加了幾個書展活動，受到許多肯定和親切的對待。這之間，我也曾在萊比錫、倫敦、布達佩斯、雅典或布拉格打定主意就此退出：這其實跟以前沒兩樣，只是你現在是沒有王國的國王。但很快我又問自己，我爲什麼一定要放棄這些美好的正面體驗呢？何不把它們視爲過去立下汗馬功勞的紅利？反正也不會傷害到其他人，更何況還能幫我度過這個過渡時期。

過渡到哪裡的過渡期呢？前天晚上，L 打電話給我，向我報告監事會會議內容，顯然新任主席 R 利用 Power-Book 專題系列發表了有關書展未來的演說，內容不脫行銷包裝的術語：利潤提高十五％、強化公司內部溝通、優化與客戶的聯繫等。殊不知，在他這位領導人的帶領下，公司內部根本談不上溝通（他在萊比錫、倫敦和布拉格有幾次不合宜的表現）。對我而言，這些冠冕堂皇的廢話完全不符合現實，只是營造出一種虛擬的假象，以滿足新任者和他身邊那群跟班的想像，讓自己相信。看了讓我覺得很厭惡，不禁出現頭痛、噁心等身體不適反應。

難道這眞是我現在身體不舒服的起因嗎？我很確定一點：R採取的方向是迎合「企業整頓家」及死板的時代精神，純粹以最大利益爲目標的企業管理方針。在這個方向裡，所有內容都是負擔，因此即使不全部刪除，也要縮到最小化。爲了讓這項政策完美地被接受，關鍵取決於去年的數字。但R早抱怨過，那是我們留給他的爛攤子，因爲那些他之前根本沒有參與。

無論如何，我非常確定，這個方向會讓法蘭克福書展未來的路越走越狹隘，也無法達到財務方面的預設結果。因爲書展是服務性質的企業，明顯減少產品內容（或許只是目前）絕不可能造成長期獲利的結果。

看得出來，連我多年來在工作上對自己地位所累積的瞭解和自我價值觀已開始動搖。從這幾天的認知看來，我和前份工作所保持的距離和眞正的「放手」還差了十萬八千里。

15

每次離開勒恩小屋時，心底總是湧起同樣的憂鬱，同樣的悲傷情懷，就像當初還在工作的時候，職場世界和勒恩的退場世界彼此王不見王。現在，我必須前往美因茲，因爲母親來訪；

另外我還約了骨科醫師的門診時間，但其實我的問題醫師一點忙也幫不上。那不是我心情鬱悶的主要原因：眞正讓我悲傷的是必須離開這裡的事實。

美麗的星期天，紅腹灰雀不厭其煩地哼著同樣的曲子，樹葉間的光影交錯遮住了外面的世界，形成寧靜安逸的自在空間，我總愛稱它「我的天堂」。割草機轟隆隆的引擎聲靜止後，剛割過的青草香從圍牆另一頭輕輕拂來。落日西下的晚霞，後院花園盡頭無盡的綠意開啓我緊閉的靈魂，我被籠罩在平靜氛圍中，感覺這裡就是我的目的地，我想要在這裡。

16

現在我必須重新檢視自己的情況：右腿問題（膝蓋和腳關節處）影響行動自由的情況不見好轉，反而越來越嚴重，醫師們似乎也束手無策。關節問題限制了我的行動自由，害我缺乏彈性。當我傾聽內在的聲音時，似乎也聽到了放棄的念頭。最近讀了拉丁美洲小說家喬孔達・貝里（Gioconda Belli）的自傳，心頭不禁開始多愁善感起來。並不是因爲沉浸在革命時代，而是對這位選擇自己人生方向的女性由衷的讚嘆，一位外人無法捉摸、無法定位的女性。她爲尼加拉瓜的革命而戰，在她堅定的生命意念下戰勝了冷酷屠殺、欺壓的統治強權。當革命得來不易的自由岌岌可危時，她又讓自己回歸平凡的女性生活。

我突然有種感覺，雖然我也曾歷經這種追求自由、尋求解脫的過程，但都是基於恐懼、渴望安全感或適應迫切性。因爲我剛擺脫自身的混亂，過程中似乎迷失了方向，於是我重新調整自己，讓自己回到軌道上。嫉妒和恐懼蟠踞著我，這就是此刻的情況，不知道自己身於何處？自己的定位？該何去何從？我深信過去我是爲了某個東西而活，某種我爲自己設定的東西，例如一個目標，一種解脫或書展……（事後想想，這算哪門子選項！）但現在我只想爲自己而活，享受閒暇時光，偶爾花錢度假旅遊。

花園裡的雜草該清清了，灌木叢和雜草已糾結在一起，我的頭髮就跟花園一樣雜亂。倉庫裡的雜物垃圾也該整理整理，否則囤得到處都是，我需要的工具和機器沒地方擺。但我得先克服行動不便的問題，因爲四肢的疼痛、沉重和僵化如同我靈魂的狀態。不知道該怎麼辦，小心翼翼且專注地將一隻腳移到另一隻腳前方。哇！看看，成功了！

17

每個人都是獨特而高度複雜的系統，終其一生不停變化、成長，就跟其他生物系統一樣，如樹木生出強壯的根和粗壯的樹枝。思想上的靈活性超越了自然界系統落地生根的限制，欺騙了我們。在該系統內部，靈魂和身體各部件之間有著緊密的連結性，在健康狀態下，身體各部件便會形成整體性，但文明影響因素造成整體性的分歧。

我們透過該系統靈魂的部分與世界、大自然和氣流層的運動（意指天氣）連接，但也和其他系統（人類：友情、愛情）連結。我們死亡時，這套獨一無二、無可取代的系統便隨之瓦解，只剩下一個名稱和出生日期，然後徹底從世界消失。

18

結束花園工作後，我滿頭大汗躺在草皮上，仰望天空：千變萬化的雲朵勾勒出戲劇化的畫面，雲朵是最純粹的當下，沒有過去，也沒有未來，當你看著它時，它只擁有當下。下一秒鐘，它又變了，而你現在看到的雲朵已經不再是剛剛的雲了，多麼短暫的當下！

只有努力工作才能給我某種程度的安定感，無論做什麼都好：清空倉庫、整理郵件、割草或騎自行車（為了健康）、整理書籍編排成目錄、三溫暖（為了健康）、拉管線、洗衣服……。為了什麼？

我不想問為了什麼，否則問題背後必須有個目的或甚至對未來的期待。過去這二十五年來，我總是忙於自己以外的事物，或許是為了解脫內在某個東西吧！

因此，現在我沒有信心可以靠近自己內心的最深處，我對自我的信念、自信還不夠強到足以讓我毫無條件地把自己託付給它。但它在成長，終有一天它會成熟。而我感覺得到，替代著我的「行動」日漸薄弱。

19

右膝蓋（開刀過）的疼痛，還有已經發炎好一段時間的關節，情況一直未見好轉。我試著在關節和膝蓋綁上十字繃帶，墊上鞋墊，晚間則在腳關節綁上復健用繃帶，但效果不彰。雖然行走時極不方便，但我百般忍耐，這股忍耐力連我自己都覺得訝異。這是我生活上慣有的疾病嗎？醫師說可能是平衡出了問題，這不也是我生活的問題嗎？前幾天，德國前總理柯爾（Helmut Kohl）的太太去世了，她患有光過敏性疾病（光線＝啓蒙！），終其一生臣服於強勢的丈夫之下。聽說，她是一位非常有智慧的特殊女性。

20

做了一場醒來後無法重述的夢，我發現我正面臨另一個生存問題：我的情緒瀕臨崩潰。貝里的自傳最讓我讚賞，同時讓我感到悲傷之處，在於她經歷過的情感、不受限制的自我解脫，同時那也是解放、活化她創造力的動力。

當混亂主宰我，讓我想擺脫混亂，回到正常生活時，我將這個目標放在優先位置，關上行囊，預見了夜鷹之死。我的一生仍不時充滿恐懼，即便在書展上我也幾乎無法跟隨我內在的驅動力。然而現在呢？我想吶喊，但我不敢……

21

我的文字不是想要描述什麼或抓住什麼，而是一種剖析，將我內心深處翻攪的東西拆解。通常是一段對話，而回答的是我內在的它。相較於我的言語或想法，我的文字比較直接，也比較誠實。想騙過我，不是那麼簡單。我書寫是爲了認識我自己。

如果不寫，生命就這樣一溜煙飛逝，雖然我想到很多事，但不一會兒又消失無蹤。尤其是現在，我放棄了一種生活形態，又還沒找到新的生活形態之際，我必須邊寫邊找……

22

希特勒的夢想帝國，透過幾近情色暴力關係的宗教元素產生的引誘力量，是權力和征服的遊戲。人類渴望有生活保障的平靜和秩序，但他們也渴望權力。透過宣傳煽動、隔絕任何形態的差異化、比較化和客觀化產生權力信仰，然而只能嚇阻未成年人臣服的權力可能還不夠大，權力貪婪地傾向變成無限、絕對、和神同等的全能。

直到權力瓦解後，那股約束力量才會鬆開，回復到彷彿它不曾發生過的模樣。這種事就發生在一九四五年。

23

柏林的出版業者克里斯多夫•L（Christoph L.）和負責出版社公關的女友艾達（Edda）週末來訪。擁有細緻金髮、高挺鼻樑的艾達平常總讓人感覺有距離感且脆弱，眞實的一面卻是一位熱心又聰明的女性。克里斯多夫一如往常年輕有活力，天眞坦率。在他們兩人身上也證實我發現許久的體悟：東德的德國人比較健談，也較善於社交。兩方不同的文明越來越明顯：西德人傾向於利己式的執行者，而東德人仍普遍具備社交能力。

這是個美好又輕鬆的週末。

24

新教，新教！我之前的想法沒錯：「一個迷失在塵世的路德教，一個彷彿陷入空轉的信仰期望，不再期望落實於來世的祖國和救贖，而是落實於現世。於是結合並擴大了民族的延遲，失敗於革命的成長。」（凡克洛科〔von Krochow〕）

「德國新教教義重點在於，它的心比較狹隘，就像皮革在寒冷中緊縮。它仇視異族，不贊成當世界公民、歐洲人，只想成爲狹隘的德國人……；於是開始以卑鄙、愚蠢、幼稚的抵抗姿態反對德國人曾發展出最美好、最神聖的東西，也就是抵抗人性，抵抗人類之間的友誼，抵抗萊辛（Lessing）、赫爾德（Herder）、席勒（Schiller）、歌德（Goethe）、尚•保羅（Jean Paul）等德國偉大思想家一生尊崇的宇宙觀。」（海涅〔Heinrich Heine〕，《羅曼蒂克學院》，第一冊，一八三六）。

一八四八年革命失敗後到現在，我們國家不斷追求對權力的壟斷，而且還可追溯回路德，以及由上而下以「鐵血」滿足德國進入神聖境界期望的俾斯麥（Bismarck）。

25

天氣好熱，星期三我去了美因茲，因爲約了神經科醫師的門診。檢查和抽血後，我被轉去做頸椎和踝關節核磁共振攝影。城裡天氣眞的酷熱難耐（攝氏三十四度），所以星期五就提早回到勒恩。在這裡，躺在吊床上，享受樹蔭下的涼爽愜意和新鮮空氣。但也因此，我昨天和太太英格激烈爭吵。她原本和朋友約好週末要去騎腳踏車，不想回勒恩。她用「我們」來對抗我的「自我」（利己主義）。這次爭吵觸及我倆深層的那一面：她的眼眶紅了，我嚇到了。

她順從從小養成的行爲模式，不時加以利用。在這一刹那，即使她激動地譴責我，我還是非常愛她。我很想遷就她，但我就該待在酷熱的公寓裡一整個週末，等著她，放棄一心一意只想飛奔回家、享受家裡那股寧靜和安詳的渴望嗎？那天晚上，我做了惡夢：我必須將三幅從腰部切開的女人畫面拼成一幅畫，但我只找到兩幅金髮女人的下半身。筋疲力竭中，我驚醒了。

26

德國人逃避混亂的方式就是建立制度、完成責任，以及服從。這對希特勒而言是重要的穩定性元素：除了應透過民族主義教育（希勒特青年團、納粹少女團〔BDM〕、勞動義務、從軍義務）來改造「德國人」，德國人還是原來的德國人。民法（婚姻、遺產等）也不會受到影響。他們聲稱：一般德國人的生活不會受到什麼影響，可以一如往常繼續生活。領導人希特勒已經趕走威瑪共和國時期的不安和混亂，現在起就只有平靜和秩序。

那別人呢？發生什麼事了？——只要事不關己，都無所謂。自己的責任全權委託給領導人，人民只做他該做的，只管工作、讚美。一旦出現疑慮時，他們心裡問著：「領導人也知道嗎？」

在德國人的思維中，左代表混亂，右代表秩序。德國人不像其他地方的人會問：生命在哪裡？問了又怎麼樣，生命本身就是混亂。

27

愛照顧人是我太太英格最大的特質。本著無比的貫徹力和精力，她開始調整他人的生活，包括她的母親（她母親的軟弱根本就是罪魁禍首）、朋友、客戶，還有我。我不反對她這樣，也將部分自主性交給她。但有時候我也會擔心她的負荷過大，因爲這是她逐漸內化的特質（本來是不得已才養成的特性），隨著時間變成她個性的一部分。我不時有點擔心她太勉強自己，但和她爭著做照顧人的事情，絕對是她的禁忌。她對這件事的積極程度不下於其他所有事，然這也是我愛她的一部分原因。

28

讓我繼續把「德國的創傷」說完：基於威瑪時代的困境，害怕混亂的驚慌失措，以及屈服於權威的基本觀念，在多方吹噓民族主義可以帶給未來幸福的推波助瀾下，由於不安、六神無主、非理性，特別容易被洗腦的德國人臣服於權力的光鮮外表，以爲權力可以爲他們帶來一切，讓他參與，又不必承擔責任。在命令與順從的結構中，他被困在獨裁統治中，被迫犯罪，也走向毀滅。另一方面，他以平民老百姓的身分生活，遵從制度，謹守規矩。直到一九四五年才如鬼魅般化爲個性與意識的天崩地裂，一般小老百姓一臉困惑地揉著眼睛，彷彿惡夢初醒。

希特勒是德國創傷下的產物。「你們在數百萬人中找到我，那是奇蹟。」這句話的意思就像「你們發明了夢寐以求的我。」（希特勒）。德國人的抵抗不單是因爲無能或軟弱而失敗，而是他無法克服這恐怖的精神分裂症。

29

英格告訴我，因爲天氣差，下星期可能無法按照計畫待在勒恩兩星期，因爲要修養，她必須調整時間。而我因爲腿的關係必須去醫院，否則行動不便的問題會繼續困擾我。我開始感到悲傷，因爲必須離開這裡。

後來我想了想，突然明白：在勒恩小屋，生活欲望降到最低的簡單生活正好符合我目前的需求。這種沒有精神壓力，在屋裡和花園進行體力勞動的生活節奏，只需要處理簡單生活所需（睡覺、洗澡、飲食），透過閱讀獲得精神糧食，偶爾寫寫文章，這就是一種自我的回歸。小屋就像自己原始的外衣，在這厚厚牆壁裡，我感覺就像在家裡，受到保護、有安全感。在外頭，因爲暴露在外力之中，我必須僞裝自己，保持疏離。我必須老實承認：在這裡我感覺到自己的存在，可以做自己。

因此對我來說，最好的方式就是解除壓力、恢復體力和待在這裡。每次離開這裡，到市中心、回到世界，我的內在就會暫時興起排斥的感覺。我喜歡太太在這裡陪我，也喜歡朋友來訪。

30

害我一夜無眠，又連續幾天鬧胃痛的罪魁禍首就是公司發生了一些事，以及我突然認知到：這些事與原以爲可輕鬆以待的全球化發展之間的關聯性。

我瞭解了，我的接班人 R 其實是個「外星人」，他不是從瑞士來的（那裡顯然只是他著陸的地方），而是從「地球村」來的。對於圖書交易世界，他根本就是個不想費力瞭解或進入這個陌生世界的外太空人，這個世界根本就在他的認知之外。就像他告訴我的，他想當 global player（全球玩家），只對「績優股」感興趣。

被稱爲「大天空—小峽谷」的瑞士人，在他們狹小的山谷中，異想天開地相信他們只要彈個手指就能征服廣闊的天空。

R 眞的是一個來自其他世界的人，可想而知，他是書展組織內最不合適的職務配置。他有系統地破壞屬於公司形象定位的一切，以及過去我、前任主席和所有同仁努力維護和保護的一切。他先是移除了承載公司定位的擁護者，以及公司同仁班底和其結構，然後也刪除了公司對內和對外的形象（logo、市場行銷形象圖騰……）。

我突然意識到，類似的錯誤不只是單獨且突兀地發生在這裡，我還發現一大堆被草率定義爲「全球化」的書籍，徹底摧毀公司的定位認同。

個人面對一個抽象的科技世界，這個世界背後正上演擺脫所有限制和規範的劇情。那是一種資本主義的改革，資本主義利用國際跨國集團的力量逃避國家的監控，並透過新式資訊媒體迅速的學術和科技交流，尤其是財務資訊交流，進行龐大的商業交易。

這新世界的擁護者就像是被新世界科技灌醉的殭屍，他們負責將所有不屬於百萬位元組祕密體訓隊的人立即蓋上文盲戳印。他們擁有自己的制式語言，將他們的目標、任務比喻成救世說，他們相信自己所做的一切，一副早知道是怎麼一回事的模樣。他們不疑惑也不恐懼自己的評估，他們已經脫離了眞正的生活。

這種對科技的信仰，說穿了就是權力欲望，號稱「成眞」的權力渴求，因爲這種技術預言按下按鈕就能克服塵世的煩惱，將人類生活的獨特性、差異性和矛盾全部統一化。這不就是人類對權力的老式夢想嗎？

而一切的背後當然還有眞正眞實的東西，那就是金錢、經濟利益，亦即還是權力。這種被當成新科技出售的信仰，其所承諾的意識形態是平等、世界開放、溝通——說到這裡，我實在不想笑！越來越多人被排除在外，因爲這種交易不再需要他們。集團解雇成千上萬的員工，因爲他們本身不事生產，而是以剝削的條件在第三世界或小企業生產他們的產品（尤其是精品）。

金錢解放了，在地球各地竊占掠奪。投機者透過時間和科技優勢，可以將百萬億的美金瞬間從地球上某處的銀行轉到另一間銀行，利用現有的差異性獲取大筆獲利。有時候又快速抽走世界各地的資金，形成嚴重的衰退。對於這類干預動作，沒有任何監控和保護。誰應該負責監控，聯合國？世界銀行？聯合國安理會？這些組織當然也被這個系統工具化了。

我們該抗爭什麼？該向誰抗議？在這件事情上，沒有所謂進行毀滅、剝削和欺壓的強權，沒有國家層級的壓迫者，也沒有叼著香菸、腦滿腸肥的工廠老闆。找不到可以負起責任的人，只剩下大量無組織的股東、股票持有人，他們是所謂的利益享有人、得利者。由於找不到可以眞正負責的人，恐怖分子開始以瘋狂行爲衝向具代表性的敵人。從這項襲擊行動看得出來，這套系統已經讓人脫離人類該有的關係。

作爲事件的被攻擊人，美國儼然成爲該系統的發言人，事實上也是它發明了該系統，並大規模參與其中。然而被挾持在飛機上的乘客、紐約世貿中心大樓公司的員工，以及三百位罹難的救護、警消人員，在該系統中，他們又是多少程度的得利者？

全球化系統和這項襲擊行動已經超出人性可忍受的範圍。這是一場捍衛信仰的戰爭嗎？對於恐怖分子而言，答案似乎很明確。而在全球化的擁護者和參與者這邊，我也發現許多宗教元素，他們沒有所謂的來世論，只是預告地球上有樂土，相信者即可抵達樂土。

05 平靜的勒恩生活

每一天都不一樣。早上起床時，第一個感覺就是骨頭痛，尤其是背部和膝蓋。但教人訝異的是，過去不時騷擾我的莫名惱怒情緒不見了，肯定是因爲限量飲酒的原因。緊接著，我慢慢讓骨頭動起來，先躺在地板上，動動手臂和身體，然後才是腿部體操。最後穿上運動鞋、戴上帽子，開始到附近快步繞行。走四公里大約花了十七分鐘後，我汗水淋漓地坐在屋前菩提樹下的板凳上稍作休息。然後跨上腳踏車，往勒恩小鎮市場騎去。我得去那裡一家老闆自稱是「書店」的文具行買《法蘭克福評論報》。

我買完報紙後，在花園裡享用早餐：四片全麥麵包抹上自製無糖果醬，咖啡用熱水稀釋過，然後專心讀報。

今天報紙上有針對貝塔斯曼（Bertelsmann）集團 CEO 托馬斯・米德爾霍夫（Thomas Middelhoff）被解職，以及俄國小說家索羅金（Vladimir Sorokin）被指控在莫斯科散播色情的詳細報導。

我花了很多時間思考格諾特・波姆（Gernot Böhme）刊登在人類科學論壇上的一篇文章：倫理或美學——以懷念齊克果（Sören Kierkegaard）批判當代時代精神：

倫理與美學並重是合乎時代精神、符合資本主義的狀態。——當人類基本需求滿足後，資本主義就開始著重在所謂的渴求，即那些滿足後仍無法乖乖安靜，反而更加高漲的需求……，但也剛好只有這些需求能如資本主義所願地無限擴大和成長。——但這種渴求的發展卻導致新的依賴性、造成人們屈服於效率原則，成爲時間的奴役。

之後我處理了一些雜事，今天要把壁鐘拿去鐘錶行修理，然後吃個午餐（在「星星」餐館），再來個已經變成例行事務的午休。由於高溫（超過三十度）下雨，加上膝蓋疼痛，花園的工作被禁止，於是我在屋裡摸東摸西，搬出之前我從美因茲帶過來、還放在浴室裡一箱的書，登錄在電腦圖書館裡。我把每一本書翻一翻，閱讀前言或目錄，然後登錄在電腦上。

啊！對了，我還在露天游泳池游了泳，就在下雨之前。日子就是這樣過的，但這樣無所事事的日子，我甘之如飴。

但就在剛剛，玩完電腦撲克牌正要起身時，又來了：胸口的心跳加速，用血壓計測量到不規律的心跳：血壓一六四／一二二（！），脈搏一三六（！）我想試試看有節奏的步行，或許可以平衡失速的心跳，於是穿上運動鞋、防風外套，戴上帽子出門去，走進烏鴉一般黑暗的夜裡（時間是十一點三十）。但情況不見好轉，我和著糖服下降高血壓藥物 Corodin，但仍心悸不止，又吞了一顆很久沒碰的阻絕藥物，身體的不適反應慢慢消退。之後我躺在床上等著，一小時後我疲倦地睡去。

隔天

四點十分，我醒過來，全身都是汗，心臟又開始狂跳。我在床上輾轉到七點，讀了一會兒書，六點開始看電視的晨間雜誌節目。還是沒起色！會不會是游泳的關係（有次在小島度假，也是去海裡游泳後當晚出現同樣情形）？似乎有點不對勁，我覺得難受。七點時，我勉強起身，穿著整齊，騎上腳踏車，慢慢踩去買報紙和麵包。為了提高胰島素水平，我還買了兩個罌粟子麵包，塗上厚厚一層蜂蜜：這些都是我減肥時禁食的食物。坐在花園遮陽傘下的餐桌邊，我疲倦地睡著。

坐在希臘餐館裡，我毫無限制地吃午餐，還喝了啤酒。午餐後，我小心躺在床上讀曼凱爾（Mankell）的書，後來還是睡著了。快四點時醒來，天氣預報說的大雷雨還沒下，高溫三十四度。我半裸著身子走到花園撿拾掉在地上的梨子，接著推出割草機開始除草（免得大雷雨又把水果吹落蓋住草地）。隨後我回到倉庫，把分類好的石頭放在拖車上，推到昨天在幾公尺高的蕁麻叢裡開出來的通道上。我回到陽台上喝了一杯透心涼的白酒，陽光普照，透過身體的勞動，脫序的心臟節奏被控制住了。

再隔一天

英格出門了，四周靜悄悄，只有牆上的壁鐘滴答滴答作響。它幾乎停擺了一年，前幾天才拿去附近鐘錶行重調，它彷彿是這屋子的心臟般又開始跳動了。

我對太太的愛越發溫柔，我從眼光餘角望著她，突然感覺一股熱光擊中我內心，裡頭發出：唉！隨著相處的時間增加，心底就越擔心失去另一方。她離開時，我總會有點害怕她會發生什麼事：每次離別都是一場小型死別。

疲倦的一天

今天我幾乎是拖著一身疲倦度過一天，根本振作不起來做任何事，早上的運動也是耗盡大半精力，從那時候起，我幾乎就是遊蕩著，不時被睡意突襲。

我該索性接受已發生的現實並將之歸咎於氣候因素嗎？我喜歡從每種隨意的狀態進行基本的評估，於是我現在才意識到，原來是我不滿足只是這樣的存在，我不想純粹爲自己而活，一定要有個目標、有個意義才能鞭策我。如果看不到目標或意義，我就會像今天一樣空虛地飄著。

我還是需要外在操控、外力的影響因子。對我而言，只活在自己身上顯然是沒有意義的。我在我自己上方建構了一座法院，它的判決決定我前進的力量。

屋外馬路上，盧格（Luger）老農夫婦恰巧經過門前。老盧格把外套擱在手臂上，夫妻倆剛去了城市市集，現正慢慢踱步回家。老盧格走路直挺挺的，眼睛直視前方。

墨西哥來的訪客

過去這三天，一九六八年為我開啓進入法蘭克福書展那道門的老友克勞思・提勒（Klaus Thiele）和他墨西哥籍的太太碧雅特麗絲（Beatrix）來訪。這對獨特的夫妻目前住在墨西哥：碧雅特麗絲看起來比之前又瘦小了些，背也有點駝了。濃密黑髮下，印地安臉龐感覺很放鬆，但老是在忙碌著什麼似的，不時翻著醫學筆記，記一些標記或筆記，不然就是摸著一塊釘有小細針的布，整理順勢療法用的小管子，或在紙上隨意畫著桌墊上的圖案。這之間她偶爾也會打起瞌睡，通常張著嘴巴，坐著坐著就睡著了。

克勞思在那三十年前就記了一大堆筆記的同一本筆記本快速記了些什麼。沒在閱讀時，他幾乎沒間斷地述說他那耿直個性永遠無法理解的人和事。他並不是以狂妄的自負態度談論這些事，而是抱持疑問。他們兩人身上，六十七歲的他和七十歲的她，散發一種淡淡的孤獨。克勞思置身於周遭充滿不解、愚蠢和貪污充斥的世界裡，而碧雅特麗絲則因不知變通又沒有彈性的德國先生，轉入順勢療法的世界，希望藉此在她那緊鄰藥局的小小「診療室」幫助周遭窮苦的墨西哥人。克勞思在家裡經營一家迷你出版社，醉心於研究哥倫布發現新大陸前的書籍。夫妻兩人之間的溫柔還在，但好似各自活在自己孤獨又密不通風的氣泡裡。看著他們，我覺得很悲傷，畢竟我認識他倆三十四年了，我愛他們。即便他們被作繭自縛的氣泡包圍著，我信任他們，他們沒有任何偽裝或謊言。這也讓人願意支持他們，喜歡他們。

06 末日

納門斯（Nemens）醫師聽到我有前列腺問題時，他的反應很不尋常：他身子往後退了一下跟我說話，根本不是他平常的樣子。他激動地說起開刀以及這類手術後的後果：除了失禁外，手術後「性能力幾乎想都不用想」！顯然，和我年齡相當的納門斯醫師也感覺這個男人過了五十歲幾乎有三分之二都會罹患的疾病是個狠角色。對每個男人而言，發現罹患這疾病時一定很震驚，因爲這疾病關係到性器官，男性的自我價値感備受威脅。如果你知道興登堡（Paul Hindenburg，德國威瑪共和國的總統）、畢卡索（Pablo Picasso）、戴高樂（Charles de Gaulle）、密特朗（François Mitterand）、美國杜爾參議員（Bob Dole）、好萊塢男星薛尼・鮑迪（Sidney Poitier）、羅傑・摩爾（Roger Moore）、約旦哈珊親王等許多名人都是同病相憐的病友，會不會比較欣慰？

不可能的！發生這種事情，總是要自己去面對才知道有多可怕。我也是。一開始我就抱持聽天由命的態度：怎麼又來了……。我傾向於不去多想。納門斯醫師先叫我去找放射科醫師：

「如果去泌尿科，泌尿科醫師會立即要你做一整套檢查，活組織檢查等等。」於是我去看放射科醫師，醫師利用超音波儀器從肚子這一側檢查前列腺，確定有些微腫大的情形，其他就沒什麼特別值得注意的了。

我再回去找納門斯醫師，請他幫我做攝護腺特異性抗原（PSA）血液測試，檢查結果下週就能確定。但又過了一星期，直到我再也無法抵抗那壓力（我獨自待在鄉間小屋），才打電話給醫師。檢查報告數字不是太理想，落在所謂的「灰色地帶」。醫師命令我到泌尿科檢查。我又拖了十天才去找他，取得轉診證明。到目前爲止，我習慣和太太英格分享生活上的點滴，但這件事我對她隻字未提。我約了附近泌尿科醫師的門診時間，試著安撫自己逐漸高漲的恐懼。

這段時間，約十天，我沒透露半點訊息，這幫了我很大的忙。對我來說，說出來似乎是某種程度的逃避，希望藉此將自身的疼痛轉嫁給他人。但現在，這是我自己的問題。我必須接受它，即使是像太太那麼親近的人，我也無法向她吐露，把負擔轉嫁到她身上。此外，我還領悟到另一件事：疾病是生命中的一部分，沒有病痛的人生是不可能存在的。因此，我不再選擇逃避（至少我是這麼認爲），而是準備好在此時此刻與所有阻礙、疼痛和恐懼共存。沒有恐懼的生活空間是一種幻象，是庸人對無瑕、潔淨、純淨的健康世界產生的假象。戰爭、革命、疾病和所有其他威脅都能因爲努力而被摒除於外。根據這種世界觀（也是一種內在觀點），凡是陌生的異物都是疾病和不正常的，危害著內在「健康」的世界。

讓異物和疾病進入你們內在，因爲它們也是你們的一部分。它們是被你們排除在外的一部分，所以才會感到陌生。讓疾病進來吧！只有讓它處於它原先所屬的地方，你們終將克服它。把它們摒除在外，最後會變成威脅。如果讓它進來，它就是你們的一部分，也是它原先所屬的地方。

明白了這一點，法蘭克福卡特琳醫院的貝托爾德（Bertold）醫師通知我十一月五日做活組織檢查時，我感到如釋重負。

二○○○年三月一日，我在法蘭克福任職的時間即將告終，而我卻於兩天前在勒恩山區結冰的道路上跌了一跤，將左腕關節摔斷了。綁著應急的厚厚繃帶，我才得以在二○○○年二月二十八日出席在法蘭克福阿拉貝拉飯店（Arabella Hotel）爲我舉辦的惜別會，接受同事與其他法蘭克福友人的祝福。當時在所難免盛傳一說，說我就是無法放手，手才會跌斷……

當我在離職後好不容易脫離渾沌的漩渦再度站起來時；當我離開書展、職務、差旅和所有書界人士後，環顧四周只剩下我一人，彷彿自己突然站在一處空蕩蕩的地方。日落，日升，從此處直到天際唯有「當下」。

那些我當作朋友看待的人都在離我遙遠的地方；而在我近處的人，從前我幾乎未加關注。過去，我沒有時間關心他們，唯有對一個女人的愛總是一而再、再而三地讓我擁有再站起來的勇氣。

而今三十多年來不斷驅趕著我的一切驟然沉寂。環顧四周，人群來來往往，我注視他們的臉孔，有的回望著我，有的微笑，其他人噓寒問候，而另一些人則擦身而過。我在勒恩山區的草地上仰望天際；朵朵雲彩往天邊飄移，我再也無法逃遁到未來，我被判到「當下」，再也無可改變了。

這時，我那一直滯留在「當下」的身體也來叩訪了。在繁忙的那些年頭我幾乎忘了它的存在，因為我的心總在別的地方，不斷追求著未來的某個目標。而此時，我的膝蓋出現了膝關節半月板的問題。我看了骨科醫師，他認為應該立即開刀。但手術後，痛楚更甚於前，我必須拄著枴杖走路——先是手腕，現在是腿。

更慘的還在後頭：我的家庭醫師發現有地方不對勁，他將我轉診給泌尿科醫師。先是診斷出惡性腫瘤，接著是糖尿病、心律不整。就這樣，我在醫院待了兩年，而其間還曾經因為開刀造成嚴重感染。

這段期間，我完全遺失了自己。在一場為時五小時的手術進行中，有人把我的筆記型電腦和錢包從病房裡偷走了。電腦裡有我所有的個人銀行帳户資料、密碼以及我大部分的書稿；錢包裡有各種證件、駕照、行照和信用卡。我還存在嗎？失去了對我意義重大的工作，沒有了過去圍繞在我身邊的朋友，遺失了所有證件，而直到之前幾乎總是順利運作的身體現在也狀況百出。人類的存在到底何在？

我那長久以來悠遊其中、屬於書客族的世界，再也不再爲我而存在了；而證明我存在的各種正式文件也無影無蹤。我究竟還是我自己嗎？而那些我託付給不安全的電子媒介的，我在人生之旅貢獻的實質證明也同樣遺失了。我如同癱瘓了般呆呆瞪著病房的天花板。

等到有一天，我終於能拋開小病房的侷限，宏觀大局時，我做了個重大的決定：我出院，取消了與各個醫師後續的診約——這兩年來他們不斷從我身上診斷出一種又一種不治之症。我走出户外，先是散步，接著開始當時正流行的「北歐式健走」(Nordic Walking)。起初時間短暫而且小心翼翼，接著慢慢拉長時間。我從醫師手中奪回了對自己生命該負的責任。

當我在公園裡行走時，每天都會經過一棵健壯的橡樹，這棵橡樹的樹幹極爲粗壯，就連兩人聯手也無法合抱。我向這棵樹致意，在內心裡想像它那道勁又健康的樹幹：我望著那緊緊抓住地面、往道路下方伸展的樹根。這棵樹至少已經八十歲了，始終散發著生機蓬勃的健康。一天又一天，每天我都會來向它致意。

情況逐漸出現轉機，這也是我個人「身分」復得的外在表徵：除了我的健康狀況外，有一天，一名荷蘭籍機師從阿姆斯特丹來電話，告訴我他在法蘭克福轉機時撿到了我的錢包，裡面有我所有的證件，甚至連信用卡都還在。數星期後，有名年輕的土耳其人打電話給我，問我是否願意買回我的筆記型電腦。我與這個人約了幾次私下會面，最後在美因茲大教堂（Mainzer Dom）前，我以五百歐元向這名年輕人買回了自己的電腦。依據他的說法，這部電腦是他在跳蚤市場以一輛腳踏車換來的。電腦裡的資料大部分還在。

我的身體狀況明顯好轉，某些病徵完全消失，我又活過來，完全回到「當下」，未來不再能誘惑我了。每天早晨看見天亮、太陽升起我就感到無比喜悅！我從床上起身，向這一天致意。

（衛浩世，《集書人：法蘭克福書展前主席衛浩世二十五年任內的祕辛》前言「話說從頭」）

07 與父親道別

你還有時間嗎？——你還有多少時間？——時間是現世的概念：「當我的時間走到盡頭時」，時間就沒有了，即是永恆。——靜止狀態？來世是永恆的存在，沒有變化。我們在死亡中進入存在，死亡超越時間。

這對我來說似乎是一種安慰，因爲時間存在塵世貧瘠的因素，因爲我們沒有時間，所以捨棄了最基本的愛與全心全意的奉獻！

我們老是苛責自己浪費時間，因爲時間是有限的，所以我們總是忙碌地按表操課來經營事業，試圖藉此贏取時間，爭取時間。我們也意圖竊取時間，來做我們認爲更重要的事情。我們沒有時間，生病會絆住我們，生病會讓我們停下腳步。

我緊張兮兮地看著錶。

某個情緒不佳的二月天，我和英格搭了計程車前往機場，我們想再次體驗真正的冬天，於是飛往芬蘭。

十一點十分，飛機起飛前往赫爾辛基（Helsinki）。

兩點十分，時差一小時，我們降落在赫爾辛基。

三點，在機場餐廳稍微吃點東西：水煮鮭魚，一罐啤酒，再加上水。

五點二十五，繼續旅程。飛機延誤四十分鐘後起飛前往谷撒莫（Kusamo）。

六點四十五，小巴士開上積雪濕滑的道路，往目的地前進。

七點四十五，抵達賽亞（Saija）。這裡名不見經傳，頂多只能說是幾個屋舍緊鄰的聚集處。這地方距離下個說得出地名的地方台瓦克斯基（Taiwalkoski）約莫二十五公里，我們在那附近結冰的湖邊租了一幢芬蘭農舍，就這樣，我們住進一座小木屋裡。晚餐安排在主建築物內，有佐香草慕絲的濃湯、鹿肉馬鈴薯烤餅、酸果蔓莓、自製麥芽啤酒、莓果汁和水。

夜間我開始大出汗，這情況在家的時候已讓我憂心忡忡，那夜裡我總共換了三次衣服，緊接著又開始腹瀉。

賽亞，隔天。雪地裡美好的星期天，極地溫度攝氏零下二十七度。試了幾次，終於搞定屋裡的三溫暖，還可以在裡頭沖澡。

八點半，早餐，之後女主人荷蓮娜（Helena）開始漫長的介紹，她那不擅言詞的先生雅斯可（Asko）則靜靜坐在一旁。

將近十一點，英格去滑了一小時的雪。我待在屋裡，但不一會兒我也加入滑雪行列，滑了二十分鐘，隨後走上結冰的湖面。

湖的另一側有個男人向我走來，從他從容不迫的走路動作看來，他應該是當地人。他來到我面前時，停下腳步和我打聲招呼，用悲傷的眼神看著我，開始用德文和我對談：他是個德國人，和他太太在這裡住了幾年，這裡的生活相當寂寞——他太太幾星期前去世了，現在他只剩下幾隻拉雪橇的狗兒陪伴。

回到小屋時，午餐已經準備好了，有豆湯和肉。由於我一直有夜間盜汗的問題，下午三點左右，英格和我搭計程車前往台瓦克斯基的健康中心：接待我們的是一位年輕的醫師，診療過程非常安靜。醫師吩咐明天早上七點半還必須過去抽血。在房裡小睡片刻後，我們又在交誼廳內集合準備吃晚餐，今晚吃鮭魚烤餅。

稍後，英格頂著寒風又去了交誼廳，我則留在屋裡。

當天晚上我換了五次衣服，床鋪幾乎濕透了，一個汗水淋漓的夜晚。清晨五時，心頭頓時湧上一股絕望的感覺，我不禁放聲大哭，我的忍耐毅力瞬間崩潰。英格手裡拿著蠟燭，對我哼著 Happy Birthday to you，遞給我一個小包裹，裡頭是一件白色羊毛上衣和一本芬蘭女作家的書。

看我這副模樣，英格打算打道回府，我踱著腳不依，像個硬拗的小孩。

賽亞，我的生日。七點，計程車來了，我們再次前往台瓦克斯基的健康中心。司機坦白告訴我們，一個小時後才能再來接我們。抽血後，我們坐著等候計程車。

一點半，我們再度前往台瓦克斯基，實驗室檢查報告結果顯示極高的發炎指數，但不知道原因。肺部 X 光檢查顯示肺部沒有發炎現象，醫師幫我打了抗生素，還開了類似的藥丸。

從現在起，英格開始接手規畫回程，我也不再反抗。

晚間我們和其他客人坐在一起閒聊，來自德國生產運輸飛機戎克家族的荷爾格・戎克（Helga Juncker）也在，我們之前和她在小巴上聊過天了。我想起戎克公司的 JU 52 老式運輸飛機，又稱爲「戎克老姑媽」，笨重地掛在天邊：遨翔吧！

我慷慨捐了兩瓶桑甚香檳同慶，味道有點酸澀，但很好喝，因爲今天是我六十六歲生日。

那天晚上睡得很不安穩，因爲半夜抽筋，清晨醒來頭痛欲裂，但出大汗的情況不見了。

在賽亞的最後一天。整理、打包。英格把握最後機會，又去湖面上滑雪兜了一圈。準十二點，我們搭上計程車前往谷撒莫，下午兩點起飛前往赫爾辛基。五點十五飛機降落在赫爾辛基，我們又在兩天前出發的機場餐廳吃了點東西。

下午五時搭機返回法蘭克福，六點半抵達。搭上計程車前往美因茲：可憐的英格獨自拖著行李爬上五樓的公寓。

當天夜裡又換了兩次衣服。

美因茲，翌日清晨。英格立刻聯絡H醫院的雅努斯醫師，我們掛了急診。這裡的照顧太周到了，雅努斯醫師和四位醫師隨侍在側。先是血液檢查，然後是電腦斷層掃描，隨後是超音波，你要知道那是星期五耶！儘管如此……最後確認下腹部髖骨和背部肌肉組織之間有個四到九公分大的腫瘤。預計的台灣行似乎得無限期延後！

由於心律不整，我長期服用抗凝血劑，這時候不適合做穿刺手術，最後醫生決定用三種抗生素（靜脈注射三劑），晚上接近八點再注射三劑。夜裡：半夜十二時、兩點和四點時各醒來一次，因大出汗，換了兩次衣服，左大腿仍疼痛不已。

我們所有人不過是這時代的同儕，每個人會有自己的死亡。英格把我視同自己的生命，對我的病痛感同身受，也想要一起對抗這個疾病，想要克服它。她不認爲那是別人身上的疾病，所以她承受莫大的痛苦。

然而，這是每個人都得面臨的課題：我們必須獨自面對自己的生命，透過愛，我們和他人之間搭起橋樑；在愛中，我們可以陪伴他人、被他人陪伴，讓人類生命變得美麗。

隔天。賽爾伯德醫師（Dr. Selbold）來訪，他是一位偏好哲學、深具時代批判性的同儕。我們談了有關股東的時代精神，聊了約半小時。話題轉到抗凝血劑和放棄肝納素注射，因爲不能做穿刺手術。

躺在床上，透過三乘二公尺大小的窗戶望向天空，看了這部變化多端的雲朵電影，我覺得很欣慰、心裡踏實。今天，星期六下午，外頭鐘聲響起，我身體狀況沒啥起色，但我還是可以稍微鬆懈一下。不時會有烏鴉劃過窗前，有人進來或離開病房時，鋪在另一張床上的塑膠膜就會發出聲響。

兩點半，兩劑抗生素。

五到六點間，英格來看我，帶了火腿、兩件新睡衣和一束花。英格滿臉燦爛笑容——她哪來的力量？今天早上她已經來過，我們還一起看報。晚間，我感到疲倦，十到十一點又打三劑抗生素。

住院第三天。夜裡兩次大汗。一大早開始一連串治療：八時第一劑抗生素，絕望的感覺開始緊緊侵蝕我，因爲身體狀況一直未見明顯好轉，血壓再次飆高，我覺得不舒服，身體感覺越來越虛弱。

外頭，我的雲朵電影畫面上正吹著風，飛機像珍珠項鍊般，成串在隆隆呼嘯聲中飛過，往法蘭克福機場方向飛去。

中午將近十二點半，雅努斯醫師又來看我。他告訴我目前狀況的嚴重性以及抗生素治療只是初步療程。問起時程安排（那我的阿根廷何時才能成行？）他還沒能確認，可能要先安排手術時間。但最後他終於開口說道：「您先離開三個星期，回來後我們再看看。」

下午兩點，另一劑抗生素。

住院的另一天。夜裡分別在一點、四點和六點換了三次衣服。七點，第一批醫療團隊：格爾浩司醫師（Dr. Gerhaus）同一位年輕（約三十多歲）的外科醫師來訪。當我對他說：「我想您不必太積極……」時，他那原本親切又自信滿滿的落腮鬍臉龐倏地籠罩惱怒的陰影。

九點十五，抽血。之後又是三劑注射。十一點在賽爾伯德醫師那裡做心臟超音波檢查。十二點，巴特醫師(Barth)爲我照腹部超音波，依然未見任何正面的好轉跡象，看來手術勢在必行。

這之間，醫院的電腦ＩＴ部門專家幫我接了網路，我擬好郵件要寄給台北的郝明義、墨西哥的派波（Pepe）、美國紐約的大衛（David）及英國的歐來特（Orlaith），但沒寄出去。

晚間，英格來了。我們耳鬢廝磨看著新聞，因爲透過耳機才聽得到聲音——但怎麼只有一副耳機呢?九點半到十點十五間，三劑注射。夜裡：十二點半、四點和六點各醒來一次，但幾乎沒有再出汗了。

住院另一天。七點十五，辛茲（Hinz）外科醫師和住院醫師格爾浩司醫師來會診：發現左側髖骨肌肉組織新的腫瘤和發炎，但需要開刀才能確定。那現在是要進行穿刺手術，還是繼續做抗生素治療?

七點半，我和英格通電話，但突然線路中斷，電話卡沒錢了，我到樓下去重新儲值。之後去了核子醫學科，他們在我血液中打入顯影劑。這時候大約十一點，趁空檔我想寄出那四封郵件，但程式已遭刪除，所以連不上網路。掛號處的小姐幫我聯絡了電腦ＩＴ部門的專家，連上了網路。十一點十五我正要安裝程式，護士帶了三管注射劑出現在病房。

十一點半，雅努斯醫師和格爾浩司醫師來了。雅努斯醫師看來很滿意目前的發展，他一向嚴肅的臉上鮮少透露出那麼一丁點的滿意情緒。

十一點五十，母親來電。施打第二劑時，護士通知我去核子醫學科一趟。注射結束後，我來到地下室，但得先在診療室外頭等候，因爲「大老闆來了」。我一時覺得身體不適，幾乎快要昏倒，護士小姐攙扶我躺到躺椅上。十二點四十五到一點十五，全身掃描。之後我拖著疲憊的身子，倚著樓梯欄杆拾級而上，回到病房。

隨口吃了點盤子上冷掉的菠菜蛋捲——那是今日的午餐。

一點半，我疲倦地躺在床上。兩點半，進行注射。一位天主教神職人員來到我病榻前。

這是眞的，不是夢境，我發現自己身處童年常去的遊樂場。

一九四五：在茵河畔玩遊戲，夏天的空氣中瀰漫從岸邊小船上傳來的焦油味。我們男孩子裸身泡在陽光曬熱的深水池裡，有時候河水退潮後，深水池裡還會有小魚，魚兒在身邊竄游，觸著我們的背部和腿，癢得不得了。

游完泳，我們沿著河岸的草地漫遊，主支流冰冷的河水湍流，木做的小筏漂流。

我們在茵河邊水淺的地方潛水，在舊時玩伴的鼓動下，他已經先潛到深水區了，我鼓起勇氣往河裡跳。雖然我說不上會游泳，頭剛好在水池中間冒出水面，手腳瘋狂地拍打著。

我們爬上類似木絲水泥板堆疊起來、約十五公尺高的高牆，我在這裡克服了懼高症，但僅部分克服。

沿著河邊曳船路的殘破水泥板走著，四處可見漂流擱淺的樹幹、樹根和儀器零組件殘骸。戰後最初的那幾年，被隔離在東德的親友會站在這條曳船路上，對著寬闊的湍湍河水大聲呼喊。

英國戰鬥機墜落的殘骸就隱身在河岸草地最後方，樹林灌木叢後面。我們去了好幾次，但每次都不敢太靠近那架飛機，而是在附近撿拾我們認爲是炸彈碎片的東西，那是我們小孩子覺得最有蒐集價值的東西。第三次來到戰鬥機墜落地點，我們鼓起勇氣，腳步遲疑地緩緩靠近還保留完整的駕駛艙。奮力爬上機翼，擦拭玻璃，從窗戶外往裡頭看去。只見機艙內，駕駛員全副英國皇家空軍（Royal Air Force）行頭直挺挺地坐著。我們驚恐地看著死人的臉，他的臉有一半已經腐爛見骨，另一半臉似乎還依稀可見年輕駕駛員的臉部輪廓。

我在河堤上找著我家小兔最愛的植物，兔子窩的味道，臭氣沖天的兔子窩最內側角落，在母兔毛茸和乾草下面忙得不可開交的正是剛出生的全裸小兔寶寶……

這時我媽的叫聲如雷貫耳，不想聽見也難：「彼得、海德，吃飯了，洗手！」

三點，英格來電：她剛去找大學醫院的曲樂爾教授（Thürell），他說他可以做穿刺手術，英格興奮地說著：「你應該看看他看電腦掃描圖的模樣！」終於可以做穿刺手術了。我告訴她，抗生素療程結束後才能決定要在這裡還是曲樂爾教授那裡做穿刺手術。

五點十五，英格再次來電說她今天不能過來了，因爲太多事情在忙，而且她有點頭痛。

六點，旅行社因我取消倫敦行而來電。八點到十點之間又注射了三劑，之後感到有點頭昏，想吐。

將近九點，護士小姐試了幾次抽血，沒成功。一個住在東威斯登法倫區（Ostwestfalen）的老同學雅帝・亞歷塞斯（Addi Alexis）來電。昨天晚上，英格的朋友克里斯特（Christel）從維寧斯特（Wenningstedt）來電，她在電話那頭鼓勵我：「水淹到脖子的時候，絕不能低頭。」

住院另一天。凌晨：一點半到四點失眠的夜，又是大出汗，絕望！偷偷吃了四分之一片鎮定劑立舒錠。

清晨七點半，我已經準備好接受手術（穿刺手術）了，但得先決定是要在這裡還是在大學醫院的曲樂爾教授那裡進行手術——因爲英格堅持。如果決定後者，那得負擔大筆轉院費用。七點四十，格爾浩司醫師和大鬍子外科醫生會診：他們兩人都建議我再等一天，發炎指數已經下降了。九點半，另一名訪客，一位大嗓門的女性。十點再注射三劑。

一點半，雅努斯醫師來了：C反應蛋白（CRP）發炎指數又持續下降。骨骼掃描：沒有其他發現。教授的口氣聽起來很樂觀，看樣子還頗滿意。但還要選個時間照大腸鏡，看看是否是結腸憩室引起的發炎現象。

郝明義從台灣打電話來的時候，英格也在，他來參加巴黎書展時可能順道過來一趟。他稍後又來電，詢問我所有書展的聯絡郵件地址，希望我能寄給他。三點到五點，我坐在床上打電腦，發郵件給台灣的郝明義和紐約的大衛，同時收到了彼得·Z（Peter Z.）從布達佩斯寄來的郵件。五點到六點，晚餐時間。

晚間注射時，緊張的小護士慌亂了一個多小時，滴器沒設定好，直到接近半夜才搞定。

住院另一天。七點十五，一位女醫師叫醒我（啊！眞是一天美好的開始！）：結合各種功能的醫療團隊——有醫生、護士、護理師、學生。

台北的郝明義、墨西哥的派波和布拉格的達娜・K（Dana K.）寄來郵件。我答應達娜和彼得・Z到布拉格並出席三月二十日在布達佩斯舉辦的活動。每天定時注射（每天九劑）、抽血、打針，三餐之間的空閒時間越來越少。春天的腳步近了，從半掩窗戶透進來的空氣聞起來有不同的氣息。

四點，雅努斯醫師來了：原則上，目前看來很樂觀，明天超音波檢查後情況會比較明朗，腹部已經沒有硬塊了。

八點，英格來了，她剛以律師身分出席住戶大會，一臉倦容。稍晚我送她到電梯門口，從樓上遠遠看著她離開醫院的背影，給她添了這麼多煩惱，讓我心疼。

夜裡：依舊是失眠的夜（從四點開始），因爲冒汗換了衣服（兩次）。恐懼和絕望籠罩著我，擔心心臟會出現副作用或可能中風。

住院另一天。七點十五，格爾浩司醫師和年輕外科醫生前來會診。心情盪到谷底，我想可能是因爲今天排定的超音波檢查，以及擔心狀況沒有進展的恐懼所致。

九點半：緊張期待的超音波檢查終於在巴特醫師手上完成：無重大改變——崩潰！

十點四十五：根據女醫師的看法，她不認爲現在只剩下穿刺手術一途，週末過後，注射劑量才會減半。

十點五十五：英格來電。十點半到十二點十五：注射三劑，之後匆促地吃完午餐：魚。

一點四十：雅努斯醫師來看我：「我們繼續抗生素療程，星期二或星期三必須決定是否做穿刺手術。原則上我並沒有不滿意，但對病患來說，這樣的進度當然太慢了……」發炎指數下降了。三點四十五到五點零五：注射兩劑。

四點，前幾天那位天主教神父又坐在那裡，看著我的臉，有十分鐘之久。

靜脈注射可以拔針了，紅髮護士抽出針頭，之前格爾浩司醫師試著打在右手臂，但沒成功。我要求她算了吧！之後又來了個綁頭巾的小護士，她試了三個地方，疼死我了。最後，她在我左手臂上留下一排針孔痕跡。

十點四十五，三劑注射終於結束。

手忙腳亂的小護士跟我道別，下星期見，轉身離開時又絆到點滴架，因爲她忘了收起牆壁插座上的滴器插頭。

另一個睡得不怎麼安穩的夜，夜裡換了兩次衣服。

還在醫院裡的日子。九點半，辛茲醫師和另一名女醫師會診，我跟他說起之前靜脈注射時的慘劇，今天早上必須拔針。辛茲醫師決定改用口服抗生素。

和英格的電話通話中斷三次。

九點四十，第一包抗生素藥丸。

不久我突然感覺精力充沛，接近中午時又覺得異常疲倦，小睡片刻。兩點又吞了「小炸彈」藥丸。兩點十五，母親來電。整個下午幾乎都在睡覺。

五點十五，英格來了，我們一起用餐。從樓上的走廊窗戶我看見她來。我們從她的調解案聊到有些人扭曲的行爲和諾亞方舟，因爲上帝很不滿意他創造出來的人類。

晚間吞了四大顆藥丸，我稱之爲「打手」。

八點到九點四十五，看電視：新聞和一部偵探片：《看不見的鏡子》（*Der unsichtbare Spiegel*）。稍晚英格來電。夜裡：醒來三次，換了兩次衣服。

還在醫院的日子。由於感染已經持續好一段時間，病灶被包圍在深層。抗生素療法發揮作用的地方只在病灶外圍，大約就是脊肌部位。血液進不了病灶，抗生素幾乎發揮不了作用。因此要做穿刺手術或開刀？七點半，進實驗室驗血糖，從耳垂處抽血。八時，抽血測凝血激素。金髮女醫生：非常溫柔，針扎下去一點也不痛。十點四十五，再度因測血糖値進實驗室。

九點半到十點半，打開筆電，收到墨西哥派波和布拉格達娜的郵件。我重讀寫給布達佩斯彼得・Z的郵件，並寫郵件給派波，期待布拉格書展的到來。

好累，飯後沉沉睡去，兩點半再進實驗室。可惜那之前偷吃了一塊小甜炸餅。

猶太朋友畢爾格（Zev Birger）從耶路撒冷寄來一封信，英格讀給我聽。信上說他會替我在哭牆縫隙塞上祝福的紙條，爲我祈福。

讀著彼得・赫爾德林（Peter Härtling）自傳的最後幾頁，之間我樓上樓下跑了五、六趟。五點到六點，英格來醫院陪我。晚間十點，她又從家裡打電話過來，嘀咕說她很寂寞，溫柔地撒嬌。

夜間：換了兩次衣服，沮喪、恐懼。我不時告訴自己：該來的，還是會來，接受吧！

繼續住院的日子。六點醒來，一時忘了馬上要空腹做血糖檢查，竟然喝下半杯果汁。我控制不了我的情緒，和昨天一樣低迷。今年春天安排了那麼多國外行程，似乎是對內在感受到的疾病的一種抗拒方式。在芬蘭放聲大哭的那一夜，它瓦解並爆發成事實。但現在我不想矯枉過正，拒絕一切希望。

前兩天氣溫驟降，飄雪灑在窗外屋頂和花園上，把世界全染成白色，但今天精力充沛的紅腹灰雀又在窗前不停地嘰嘰喳喳。

身體反應並不是我們這裡丟了什麼，那裡就一定能產生效果的直接因果反應，身體是以波浪、跳躍和回饋的方式反應。我們以因果動力原則試探這大自然，但它仍一如往常以它自己的方式反應。

九點，今天早上幸好是年輕的快手醫師來抽血，動作非常靈敏，而且扎針完全不痛。十點半，我把英格昨晚留在病房的碗盤拿到樓下餐廳，然後拿了《法蘭克福日報》。醫院不知哪裡傳來電動鑽孔機的聲音。

十一到十二點，打電腦：布達佩斯的Y來信通知，她邀請我參加的記者會提早於三月二十日舉行。發信給倫敦的喬登‧葛拉漢（Gordon Graham），回絕出席會議，以及將墨西哥演講內容刊登在《*Logos*》（英國出版界刊物）上。另外，我請他再等十天，先看看我這裡的情況如何再說。

四點十五，雅努斯醫師和辛茲醫師來到我床前：明天做電腦斷層，後天照大腸鏡。然後決定是做穿刺手術或繼續現在的療程。雅努斯醫師建議再做一到兩個月的療程。

我提出問題：「那可以自由移動嗎？」他的答案讓我得到自由：「可以。」等檢查都結束，週末可能就可以出院。我得秤秤體重，聽說腫瘤會「吃肉」。

醫院裡，三月的某天。夜裡換了兩次衣服，體重掉了二十公斤！整夜沒吃也沒喝，因為要做下腹部電腦斷層掃描。

七點十五，巴特醫師帶了一堆人來到病房，他們都是來實習的。八點半，淋浴並穿上新睡衣。八點四十，抽血：測凝血激素。十點零五，半小時內喝下兩公升味道像油的顯影劑，才能照大腸鏡。我堅持吃早餐，護士小姐終於給我一塊小麵包、奶油和果醬。我偷放了一片火腿，之後又迅速在嘴裡塞了一小塊橘子蛋糕。

十二點二十，護士小姐給我三瓶 Oralav 瀉藥，指示要分三次喝完，分別是在兩點、三點半和五點。此外，我還必須立刻吞下四顆藥丸，一點半時喝下一小瓶 Prepacol 瀉藥。都是不怎麼令人高興的功課。中午那一份口服抗生素還是得吃，我和著瀉藥一口氣乾了，只是差點吐出來。

一點十五，法蘭克福書展的迪特・S（Dieter S.）來電。我告訴他，我評估了目前身體的情況，阿根廷之行可能無法成行了。

四點五十二，雅努斯醫師來了：血液中的發炎指數小於○・一，他說已經沒有感染了。他問我，聽到這個好消息，爲什麼反應不怎麼熱烈？唉！根據我自己的經驗，好事不成雙，好消息後面總是跟著壞消息。

五點二十，和英格通電話，叫她今天不要過來。我不想讓她看見我今天的模樣，也不想在她面前強顏歡笑。她懂，她貼心地說：「那是因爲身體整個放鬆下來了才會這樣，是芬蘭那次崩潰後承受極大的精神壓力造成的。」

醫院裡，五點，晚班護士又帶來一瓶魔鬼般的玩意。我喝掉昨天剩下的半瓶，還有新的那一瓶的一半。七點十分，辛茲醫師和大鬍子醫師會診。他們從四面八方往我身上扎針，靜脈抽血是測凝血激素，耳垂抽血是測血糖，腹部抽血是測肝素。

兩次糞便（幾乎都是拉水）評估都沒通過，護士小姐又放了一瓶噁心巴啦的東西在我病床邊的桌上，唉！

九點，第三次糞便檢查終於有好消息：「好了，您不必再喝了，您的糞便合格了。」

十點，他們推著我的床到樓下，雅努斯醫師在我右手臂上扎針。我只記得照大腸鏡的一開始。

十一點半，他們推我上樓。

一點，英格來了，我被叫去巴特醫生那裡做超音波，腫瘤組織和之前一樣還在，幾乎沒什麼變化。

於是，又回到老問題：穿刺手術。但如果要做，不在這裡做，尤其是放射科醫師執刀的話（可能會有電腦斷層誤診的疑慮）。可惡！我好餓，要求吃東西。

三點四十五，告訴英格腫瘤組織還在這個令人沮喪的消息，她開始啜泣。

四點，大隊人馬來到病房，雅努斯醫師開口說道：出現結腸憩室，但沒有發炎。從電腦斷層和超音波圖來看有擴散現象：這些圖片待評估。但也因爲肌肉區域和血液目前樂觀的發展，雅努斯醫師認爲該繼續療程。

——這種療程可以拉長時間進行嗎？

——「可以，有長期療程的例子。」

——要住院嗎？

——「不必，機動性，每十四天回診檢查。」

——星期五出院。

六點半到七點半，英格來了。她看來疲憊又悲傷，我試著安慰她。

醫院裡，另一個三月天。夜裡近四點：腦裡充斥著可怕的想法，免疫系統承受過大的負荷，過量抗生素影響到抗癌結果，或許十四天後我還是得在曲樂爾教授那裡做穿刺手術，或許每兩天就要被宣判療程無效。垂頭喪氣還是得奮鬥下去。

但我非常確定一點：我只能選擇這條路——導向死亡的最後終點——爲生命存在的小火花奮鬥。

這一切已經不僅是爲了我自己，事實上我可以放棄，畢竟該經歷的都體驗過了，我覺得我已經走到盡頭了。

突然間，前幾天天主教神父坐的那張椅子上竟然坐著我父親。他早在三十五年前就去世了，但現在，他就坐在那兒，兩隻手撐在膝蓋上，身體微微前傾，一動也不動地看著我。我沒感到一絲恐懼，有些遲疑地握著他的手，輕撫他的手臂。

我想我受夠了，該贖的罪也贖夠了，即便那不是我的罪過，而是父親的。我擔下父親的罪，不僅是他納粹時期犯下的罪，我已完成爲父母親承擔過錯的責任。

我覺得現在我可以接受自己是個可愛兒子、德國人、自由人的身分：

父親，我原諒你！

父親，我原諒你！

現在我可以開始愛你，接受你，父親！

我原諒你，因爲你也只是一個犧牲者，夾在你父母親，你的、我們的混亂文化，以及戰爭之間與期間的犧牲者。

我開始要愛你，因爲，你這可憐的混蛋是我不可或缺的一部分，而我也是你的一部分。

我們原可以互相救贖的，但你不認同我，我不認同你，形同我們之間沒有愛。我們互相的折磨造成我們自己的不幸。

於是你快速地轉身離開，你太早放棄了，因爲你無法面對問題。雖然你努力過，但生命並沒有給你時間和勇氣，承擔這項靈魂任務。

現在我必須獨力完成，但我會讓你參與，我讓你在我內心重生。

你那裝了你公司地毯和窗簾的「主席箱」，當時給了我勇氣，讓我抵抗身爲書展主席的動彈不得。那是我新接任主席職務以來第一次拍桌反抗：你們不能這樣對我，就像對我父親那樣。

從此以後，那變成我內在面對職場戰爭和對抗沮喪的神祕力量，我稱之爲我的男性元素。那是遺傳自你嗎？我總是將此歸於祖父的遺傳，反正無所謂，因爲你就是他。

父親，我開始要愛你了！

其實我當時就愛你，所以我才會擔起你對母親犯下的過錯，這是一種顚倒的愛，因爲你不認同我、不愛我，我才將這懷著罪惡感的愛攬在身上。

今天我原諒你！你這可惡的自我中心主義者，你總是這麼說我，而自我中心思想卻也阻止你來感受我。今天我原諒你！你是個無心的拙夫，雖然你以爲你很有心。你就是用那不安的感情來索取周遭人對你的注意和情感，包括母親、她的姊妹、你的女兒——還有我。

你骨子底沒勇氣，不敢大聲狂叫「夠了」，更不敢瘋狂地暴跳如雷。

你早可煞住我們幾世代蔓延的倒楣事，那我就不用花那麼多時間催你。

我將所有問題埋在我心裡，可能就是這次發病的導因：就像發炎蟠踞我的下腹部，我把你關在我心裡。現在我要釋放你，也釋放我自己，讓我內心的禁錮消失。我也將以自由人的身分重新回到世界。

我一直感覺自己的缺陷就是我無法完整地存在，我那破碎的自我認同，現在我終於克服了。是「愛」辦到的。當身體殘破不堪時，我感覺靈魂再度完整。

十點四十五，血壓太低，彎下身，感覺暈眩。我請人去叫賽爾伯德醫師過來，他們把我的床尾調高，十五分鐘後感覺好多了。

醫生來了，診斷後他確定我服用的血壓藥劑量超高三分之一，我覺得四肢無力。

兩點，打開電腦，發郵件給布達佩斯的彼得・Z，回絕了三月二十日的行程。

晚間再注射一劑肝素，六點四十到七點五十，英格在病房裡陪我，她昨天做了可怕的惡夢。

九點，天外飛機隆隆地往法蘭克福飛去，電視正放映炸彈攻擊馬德里的殘酷畫面。十點四十五，我又吞了四分之一顆鎮定劑，因爲死亡的恐懼緊緊抓著我，害我無法入睡。

我的末日還沒到，雖然它曾數次近在咫尺。

醫院裡，又是三月天。第一次晚上睡得那麼熟，沒出汗，隔天早上醒來感覺神清氣爽。

我們上頭沒有所謂的權責機關必須爲我們所受的折磨負責。當困難發生時，我們也不能打電話給某人，然後把責任轉給他們去承擔。無論是爲你義憤填膺或慈悲的上帝、國王、老闆、甚至醫師，都不行。這是我們人類自己創造的求救機制，讓我們與混亂命運爲我們偶爾安排的危險相遇，人必須獨自爲自己負責。

於是我繼續思考：每個人都是大自然不穩定混亂的一部分，也是我們的起源。我們只能試著彼此共存。神是抑鬱人類的發明，神不會死，神不曾存在。時間已流逝，但我的時間熄燈的時刻還沒到。我覺得死亡接近了，也以爲時候到了，但轉眼間，外頭春天突然大駕光臨——所以我該感謝神嗎？——當然是要感謝醫師，不是嗎？

08 一本書找到了我

我又逃過了一劫，沒有成爲（我的）時間的手下敗將。鬼門關前體驗到時間的有限性，終於讓我消弭想重回氣球世界的最後野心，我的心終於願意在我生命的空間裡定下來。

我平和地接受氣球外的人生，然而它卻和一開始猜測的不同：沒有青草地、樹木、小河和天邊的山丘，沒有永遠讓白雲肆意變換的藍天，也沒有不停鳴啼的小鳥。

我花了一整個上午坐在早餐桌邊，把報紙鉅細靡遺地從第一頁讀到最後一頁，然後到公園裡開始一個小時的走路活動。淋浴後換好衣服，準備到市中心去吃點東西。走進美因茲一家老餐館「費雪・賈可」（Fisch Jacob），享用了一份令人心曠神怡的魚湯。

餐後，一如往常走進對面的舊書攤，悠閒地在店前書箱挖寶。看到一本有趣的書，把書從箱裡拿出來，翻了翻，隨後走進店裡結帳。舊書攤老闆驚訝地看著我。當時挖到的那本書後來對我助益良多，那瞬間，那本書找到了我。

那是曾經擔任神父的保羅‧舒茲（Paul Schulz）的自白書——《無神論的信仰》（*Atheistischer Glaube*）。這本書一開始並沒有太吸引我，因爲又是信仰的老生常談，這次講的是我認爲互相矛盾的《無神論的信仰》：這些神父難道一定要三句話不離信仰嗎？但這本書的副標題「無神的生活哲學」卻著實引起我的好奇心。

一回到家，我馬上翻開書，與作者來個深入對話。鮮少有人可以這麼一針見血和我談論我正開始思考的問題。

自從在醫院和父親和解之後，父親從我的靈魂世界消失，在我心中取而代之的是一個「虔誠」的教父形象。突然間，我彷彿擺脫了一個從小監控、保護我們生活和負責指導生活方向的權威機關。這個以大鬍子父親形象出現的權威機關，在我年輕歲月陷入絕望時，我也曾透過禱告的方式呼叫祂出來幫我、解救我。這個深植在人類文化歷史中，負責掌舵、讓所有人類跟隨其腳步的父親形象，就是人類的規範。這位父親利用他兒子爲了我們的過錯（罪！）而犧牲的恐怖故事（透過人們口耳相傳），以及四處鼓吹「神聖精神」的方式，唬得我們一愣一愣的，掠奪了我們應該栽培人類存在種子，以及隨光影法則成長茁壯的自由空間。這個父親形象突然間在我面前消失了，我感覺困惑，卻也如釋重負。

早在閱讀那本書的第一章「回歸自己」（Auf dem Weg zu sich selbst），我就發現父權問題的蛛絲馬跡：「……只要父權制的原則還存在，也就是說，父親在家裡的角色就如同神的代理人，那麼在一般基督教社會裡，父親幾乎就能享有無限的權威和尊崇……。」一直到我從壓抑性的父親形象中解脫後，我才眞正從龐大的基督教宗教體系中得到自由，那是我從負載太多問題的童年時期以來渴求逃脫的目標。德國哲學家費希特（Fichte）稱「自我形成」爲「人類生命中最高價值的行爲」，而我的「自我形成」最大的阻力就是父親。

舒茲：「父親或集權於一身的母親之所以制止小孩，其意圖在於摧毀孩子的意志和抵抗力。」

我記得，父親總是在我寫給他的信中「我」那個字底下畫紅線，他就是要讓我知道，我是一個過於自負的人，不願屈服於父母的權威。這樣的孩子不符合他們的期待。

舒茲：「我認爲孩子的成長是不斷從未完成的生命狀態中解放的行爲……。在成長的過程中，孩子也必須經常釋放自己，才能繼續往前進。因此，對孩子而言，脫離就是成就獨立性的解放行爲，唯有如此，孩子才能以個人的形態成長。」

我頓時明白，我的不順從和離家反抗的行爲打哪裡來了，原來我過去走的路就是正確的——解放之路，只是我當時並不知情。

舒茲：「父母的想法和行爲是他們生活中文化的一部分，他們自動成爲文化的傳播媒介——原則上，文化和個人利益之間自孩提時代就存在著原始衝突：社會價值和自我需求是矛盾的。」

這麼多年來，我根本不必老是自問爲什麼自己這麼嚴厲拒絕這個「德國」文化，這個「德國」社會。原來，基於某種模糊的感覺，過去我所做的都是正確的。

舒茲：「德皇威廉二世時代，也就是一八七一到一九一九年間的德國帝國時期，在德皇威廉二世的統治下，形成獨裁社會的穩定文化時期，個人自我的自主權嚴重受到威脅。這個時期的人民被迫遵循某些價值的約束：**順從**爲必備的普魯士軍人紀律；**榮譽**代表軍官階級者的階級精神；**祖國意識**爲沙文主義的民族意識。高層以這三大價值方向，以神慈悲爲名，深入社會，進而深入個人的日常生活進行統治。

「對社會政策而言，釋放這種施加於個人的誇張文化壓力，是一種複雜且耗時的社會轉換過程。」

馬克思、佛洛伊德（Sigmund Freud）和尼采（Friedrich Nietzsche）對文化的批判，在德國轉變的過程中扮演重大的影響因素，尤其是第三帝國的瓦解。第三帝國也稱作：「沙文主義國家的復辟，只是獨裁者的統治取代君主制度的獨裁罷了。重新將價值紀律、對當權者絕對服從的儀式和符號形式、人民的階級精神和法西斯祖國意識世俗化，尊奉爲帝國精神。」

即便是一九四九到六八年的戰後社會也未見眞正的新時代開始；只是延續了原本德國的基本情況：

由於普遍存在的人性慣性，特別是在政治、教育和經濟層面上，順從、對當局者百依百順仍是德國人牢不可破的主要趨勢，那是一種統一模式下的德國民族意識，在戰後廢墟重建中捲土重來的「千年陳腐氣息」。

一直到六八學運才帶來眞正解脫的蛻變：

爲了從父母親批判性的關係中逃脫，成千上萬的年輕人開始尋找另一種生活方式。他們想要自由，毫無束縛地享受生命。他們想要感受樂趣、喜悅、美麗，但也希望能盡情流淚、悲傷、有感覺、親近別人、解決衝突、信任、有安全感、感受愛，他們也盡情放縱性需求。

放眼望去，幾乎到處都有衝突、抗爭、示威遊行。什麼原因無所謂，重要的是：破除舊思維，甩掉生活規範，打倒所有的理所當然。

早期六八運動最迷人之處在於自由、完全打破舊思維和無止境的爆發力……。幾乎每個人，無論動機爲何，總能提出他們想從生活中摒除的部分，對抗父母、師長、醫生、政客、權威，進而反抗權威式教育、虛僞的性道德與政經體系。

因此面對這個早期的人道衝突，精神層面開始出現不安，許多舊思維開始瓦解，包括被壓抑的女性角色、保守的父親和家庭形象、虛僞的婚姻生活。（舒茲）

我從一九五二年開始離家、輟學，對抗所有權威，對抗這國家具有權威的所有人。當時我的存在就是以對抗所有既有規範爲挑戰，我卻常懷罪惡感，不知道這樣的抗爭該何去何從。但就此放棄，讓自己融入教條中，我辦不到。當反抗行爲在一九六〇年代成爲普遍現象時，我理所當然成爲熱血的一分子，走入遊行抗爭隊伍，但也不至於過於極端。這之間，我找到了工作，而且組織了家庭。但當時遊行的口號一直盤旋在我腦中，我試圖在職場上將當時學生的要求付諸實現。

在眞實存在的社會主義垮台後，一種新的文化衝突變得明顯，即世俗世界和宗教世界的衝突，特別是和伊斯蘭教的衝突蔓延到世界各個角落。這現象發生得很突然，因爲宗教沉默了一整個漫長的二十世紀。

這裡再次引伸舒茲的見解：

其中牽涉兩個完全不同的問題範疇：一方面是制度化的宗教、教會、官員和權力擁有者對宗教的濫用。宗教不時被有目的地利用，對人民、社會和當局施加影響力，進而操縱他們，讓他們擺脫不了宗教的依賴性。

另一問題範疇是宗教淪爲個人的私有物，更重要的是人格形成的問題。宗教的力量在於，以超越感官直覺的因素「神」傳達一種引導人類離開現世的基本觀點，不是只侷限在判斷現實，而是能夠延伸到價值連結、行爲動機，以及其他所有重要的生命責任。許多生活限制、心理和社會傷害都和宗教的錯誤引導有直接關聯。

所謂「逆向約束力」的宗教，意指後退式（傳統）的強烈連結，也就是將現行所有行爲進行逆向連結和導向的強迫性和方法，宗教是文化中最強大的逆向認同力量。

每一種宗教都以其方式堅持信徒認同該教的完全有效性，要求信徒在其所有生活層面上，不管是私領域或公領域，都要完全遵守該教教義、信念和道德要求。

作爲約束自我的宗教，以神之名讓人類的自我面對絕對的權威。這個權威在另一世界無懈可擊，人類必須完全服從於這個權威，完全臣服於其意志之下。**神決定了人類最深層的順從性格**，人類在對宗教的依賴性下，**脫離任何形式的自主性**。

年輕的伊斯蘭教徒自殺式的肉身炸彈行爲有何不同？他們放棄個人的自主性，爲了幾個缺乏實際證據證明的模糊承諾，就拋下他們僅存的生命。可惡的是，煽動這些年輕人這麼做的人都是基於世俗的理由（權力、貪婪、影響力），也就是利用追隨者對宗教的依賴性，以他們生命的代價達到其目的。信仰上帝是認同某一種統治及接受某種統治關係。那個統治我的關係，我終於打破了。自然神論在人類歷史中造就龐大的文化系統和成就，《聖經》、《可蘭經》、《猶太教法典》和《奧義書》等聖書都是偉大的文獻。但到目前爲止，還無法以來世論的角度證實有神或超自然生物存在於我們之外。如果相信神以這樣的方式存在，那祂永遠只是人類自然的一部分，一個我們任何人爲了尋求保護、祈求、協助，抑或被征服或朝拜所創造出來的偶像。當生命沒有其他站在我們上方、值得我們全心全意奉獻的物或人時，當生命出現難以承受的痛苦時，我們內心深處還是會繼續向祂尋求支持的力量。但我們傾訴的對象其實是我們自己，而不是那個站在我們之外、全盤操控的那個祂。

09 倖存於全民倦怠

——透過生活經歷看韓裔哲學家韓秉哲的哲學理念

我走上一條古怪又獨特的道路，回首來時路，我無法解釋這條路的盡頭竟然如此美麗。過去不少人曾預言我將步上反社會的未來；父親總是說我是「廢物」，反正他就是不看好我。也有人警告過我：「玩火的人，終將被火紋身。」對一個終日離經叛道的小子，大家苦口婆心，出自好心提供建議，但我這個反骨的小孩總是反其道而行，肯定惹惱所有好心人。

我幹了什麼事？年輕時期的叛逆、輟學，毫不遲疑地對抗既有規範。以我當時的年齡來看，那是一種違抗紀律的行爲，基本上也等於違背以紀律控制個人行爲的社會。當時雖是納粹獨裁統治結束後的一九五〇年代，但仍是一個紀律當道的社會。當時社會上負責教育責任的父母、老師、教會神職人員及代表國家層級等的權威，決定了該社會的生活秩序，如警察、官員在，某些領域也包括軍人。

當時未成年的我奮起反抗這種生活秩序，從青少年時期開始，這種父執輩的權威關係讓我非常困惑，尤其是我周遭跟教育界有淵源的長輩，他們大多背負著所謂「德國本質」的枷鎖，無論是老師、神父、成人，或不同年齡層的長輩，全是我無法接受的權威角色。他們權威式的行爲搞得我精神錯亂，造成我的叛逆。我父母親的權威行爲不僅讓我混亂，還讓我恐懼，最終迫使我擺脫他們的控制，離家出走。

當時德國社會正值政權更迭之際，我壓根不相信這樣的行爲能爲我們帶來正面的結果。我追尋的目標就是「自由」，雖然我並不清楚這種自由究竟是什麼模樣或什麼方式。這種對自由的迫切性和對周遭的排斥迫使我離家，來到馬路上假想的自由裡。十四歲開始，我加入狂熱的流浪者行列，漫遊在歐洲鄰國，尋找心所嚮往的自由國度：荷蘭、比利時、法國、義大利、西班牙、英國和蘇格蘭。最後，南斯拉夫、希臘和土耳其也有我少年逃避之旅的足跡。

然而，我不得不承認，在馬路上的世界找不到我追尋的自由。於是我回到故鄉那密不通風的斗室，回到學校繼續未完的學業。我必須努力通過一般市民在社會上生存必備的考試，準備考試、通過考試是我的目標。但結果只有部分達成，我花了三年時間進入書業當學徒，最後我咬牙完成這份職業訓練，因爲我絕不能再失敗。

我截至目前爲止的行爲，正如周遭長輩所指謫，都是一連串失敗經驗，而不是轉換到另一種生活形態，或是說服自己去追尋自由的勇敢覺醒。

故事的後續發展呢？我是一個必須被鞭策的人，只能跟著一般預期的社會變遷走，成爲其中一分子：我掙脫可惡的紀律社會「什麼都不可以」的負面社會規範，跳到一個講求「你會什麼」的成就型社會。

這和一九五〇年代晚期的西德沒有什麼不同。

我成長的恐怖納粹統治時期主要立基於監控和鎮壓，不幸年代的德國仍籠罩著一九五〇年代的社會精神，即所謂「紀律社會」的時代——根據法國哲學家米歇爾・傅科（Michel Foucault）的說法——其時代特徵即養老院、精神病院、監獄、軍營和工廠林立（我再加上德國生活形態特有的特徵：集中營和蓋世太保中心），其後逐漸被充斥健身房、辦公大樓、銀行、機場、購物中心和基因實驗室的「成就型社會」取代。

處處限制「不可以」的社會逐漸因爲承受不斷提高生產力的壓力，演變成追求成就的正面鼓勵。「你可以」的肯定遠比「教條式負面的禁止」來得有效率多了。二〇一〇年美國總統大選選戰中，美國總統歐巴馬對選民大喊：Yes, we can! 他對民眾的集體訴求，將我們社會行爲對肯定成就的特性表現得淋漓盡致。二〇一一年二月，在埃及，我看見抗議民眾舉著印有他們憎恨的暴君穆巴拉克（Mubarak）肖像的布條，上頭寫著：No, you can't! 我很清楚，埃及這次的革命也是一次表達反抗紀律社會、支持成就型社會的覺醒。後來我閱讀到一位住在突尼斯（Tunis）、非常具有影響力，同時也是這場革命見證人的摩洛哥裔知識分子的宣言。他激動地宣誓：「大家都知道，這是未來趨勢，只是沒有人知道什麼時候會發生？會以多麼快的速度發生？」他對國家的未來充滿樂觀的信心：「有人說：Yes, we can，但我們要說：Yes, we do。」

我們不再生活在意識形態的時代，而是生活在經濟成就中，生產力是一切意念和能力的驅動力。

然而，當社會的紀律階段完成後，成就型本體仍繼續保持其紀律的行爲。

韓裔哲學家韓秉哲（Byung-Chul Han）在其著作《全民倦怠》（*Die Müdigkeitsgesellschaft*）中寫道：「能力提高生產力水平，並透過紀律技術，即命令式的要求，達成該生產力水平。」此外，他引述法國作家亞倫・艾倫伯格（Alain Ehrenberg）的觀察——從紀律社會轉變到成就型社會過渡期中普遍存在的沮喪現象：「沮喪的高峰始於過去以權威和嚴禁方式分配社會各階層和兩性角色，以及控制個人行爲的紀律模式因人類本能要求的標準而不再盛行：人類有義務成爲他自己。（……）沮喪者並非病了，而是必須努力成爲自己而筋疲力盡。」[1]

瞭解這個原因之後，我終於瞭解我當年的行爲：從成長的紀律社會中逃脫出來，**不想在那個社會裡成就什麼**。我的空虛和沮喪源自於雜亂無章地尋找那個還沒被發掘的自我。這點和韓秉哲的說法非常相近。

我並非要大聲宣傳那個我苦苦追尋但又遍尋不著的**絕對自由**（我找不到所謂的絕對自由，因爲在有限生命裡，沒有所謂的絕對性：絕對僅存在於死亡中）。我們活著的人必須妥協於某些社會的先決條件下，否則無法倖存於此。即便是內在的自由，似乎也是要在有條件的情況下才可得。我們仍然依賴於過去生活在我們身上留下的結構，無論如何，自由只是擺脫某種因素或爲了某種因素爭取的自由（在突尼斯、埃及和利比亞爲自由而戰的鬥士再次失望前，應該讓他們明白這一點）。

當時我試圖擺脫那些不允許我成爲**我自己**的行爲模式。直到現在，我仍然爲此奮鬥不懈。透過我想要擺脫某種我不願意接受的因素（權威的行爲、壓迫、罪惡），以及爲了爭取某種因素（發掘被渴望的自我）的自由而產生的熱情，以及透過我強烈感受到、但無法接受的德國人的罪。我內心已經無意識地準備好在成就型社會裡建構一種新的生活方式；我已經準備好迎接成就型社會生活形態要求的挑戰：無論是準備好投入工作、盡情發揮能力、自願性地自我壓榨、承擔多重任務……，我一概承受。

從此事業步步高升。我覺得驚訝嗎？我不必特別強調我並未刻意追求事業飛黃騰達，然而我的行爲，讓我成爲馴服我們的成就型社會裡社會關係的典範。我會置身於這個情況是一種偶然（我們當然心知肚明，沒有偶然這回事，馬克思・佛里胥說：「所謂『偶然』就是該發生的被某人碰見了。」）

我完全適應新的生活情況，並且深知其遊戲規則。殷勤地（雖然不是那麼出於自願！）工作，其間無意識地從「應該做」切換到「有能力做」。韓秉哲在書中說道：「成就本體比服從本體更快速，更有生產力。」基於害怕再一次失敗，以及擔心回到之前逃避階段的恐懼驅動下，我願意以任何方式自我壓榨。我提高對其他人的服務，即出版社、書商、所有書界人士，只為了達到我追求的唯一目標。而這在我作為書展領導人的工作範圍內是絕對正確的。這樣還需要訝異為什麼我的職場軌道總是節節高升——如我當初形容的：液壓式？

這樣的我，放蕩不羈，漂泊不定（有人這麼形容我）、自由的追尋者（我喜歡這麼看我自己），奉獻我全副心力，自我壓榨，工作到筋疲力竭，只為了滿足書展的需求。這是我賦予自己的使命，但也因為如此，我的所作所為完全符合成就型社會的要求和條件。

然而，新的成就型社會的生活總會達到極限，生產力的提升也是有限度的。無限度投入工作的人，所謂勞動的動物（*animal laborans*）式地自我壓榨，而且是在無外力影響下自願奉獻心力投入工作，他們是加害人，同時也是受害者。於是人群中又開始出現沮喪情緒。

「當成就本體無用武之地時，沮喪就會爆發，它一開始是一種實踐倦怠和能力倦怠。（……）萬事不可能只會發生在相信無所不能的社會。」（韓秉哲）

每個時代都有其典型疾病，即將步入結束的紀律時代就是一個威脅來自外部的細菌時代（肺結核、霍亂或梅毒）。這些疾病隨著抗生素的發明走向滅絕。

以病理學角度來看，二十一世紀初的成就型社會是以神經細胞方面的疾病為典型疾病：「以沮喪、注意力不足過動症、邊緣性人格障礙或專業枯竭症候群等神經細胞疾病為大宗。這些疾病不是感染疾病，而是一種阻塞現象。但非免疫性的外來否定所造成，而是過多的肯定性所導致。因此它們可以逃過用來治療外來否定性的免疫療法。」（韓秉哲）

能力倦怠會導致毀滅性的自怨自艾和自我襲擊性，於是成就本體和自己陷入戰爭。「沮喪就是因爲在這場內化戰爭中受傷；沮喪是當社會承受過多肯定性時出現的疾病，該疾病反應出與自己陷入戰爭的人性。」（韓秉哲）

但這又跟我有什麼關係呢？我不是盡力到最後了嗎？（還咬緊牙關呢！）

那段時間真的很難熬，我曾試圖透過思考、檢視和讚嘆來逃避。於是我決定離開我那異族文化（拉丁美洲）的家庭，但我還是想要符合它的需求和要求，但最後我發現我辦不到。這時候，沮喪和受心理影響的生理病痛又壓迫著我。最後，就在正式退休前兩年，在事業上身心俱疲的壓力下，我毅然求去。然後隨之而來的就是過勞的典型疾病，如癌症、心臟疾病（差點心肌梗塞）、糖尿病等。

我不是不願意反抗那個我以完美傭人和下屬之姿臣服的新生活系統，只是它的速度之快讓人感受不到一絲真正的存在。缺少存在的缺憾之感特別挑釁我那內在的老自我，逼得它不時訴諸於樸實的詩句控訴著。況且**勞動的動物**所處的外在條件這麼苛刻、不可妥協，根本沒有空間可以思考、回饋、檢視和讚嘆。

這段時期的另一種現象是，健康的價值提升了。由於健康的價值提升到幾乎要媲美神靈的境界，連尼采也預期神的死亡宣告近了。

現代人對信仰的流失，在追求成就的現代人類行爲中同樣也是普遍現象，使人類生命變得分外短暫。「極端短暫的不僅是人類生命，其實也是這個世界，沒有永遠和存在。」（韓秉哲）

連可以幫助人類趕走對死亡恐懼以及貢獻永恆感情的宗教，也已經凋零。

「去描述性強化了這種短暫的感覺，它讓生命變得赤裸裸，只剩下純粹的工作和赤裸的生命互相依賴。由於缺乏描述死亡的方法，迫使人們讓這赤裸的生命非得健康不可。」（韓秉哲）一旦某種可以超越赤裸生命的思想視野出現時，健康就不會變得那麼絕對。

然而，面對這個變得赤裸、極端短暫的生命，社會化的人類反應是過動和歇斯底里地工作和生產勞動。現在快速的生活節奏也和這種存在感的缺乏息息相關。工作型和成就型社會不是一個自由的社會，它產生新的強迫性。主人和奴僕的辯論最後不會變成人人自由的社會，而是一個連主人本身也變成工作奴僕的工作型社會。在這個強迫性社會裡，每個人管理他自己的勞動營。這種勞動營的特色在於每個人都是囚禁者，也是看守人；是被害者，也是加害人。人類以這樣的方式壓榨自己，因此不用擔心有他人來統治、壓榨。這是韓裔哲學家韓秉哲的看法。我深表贊同，因爲這種自我壓榨的經驗，我有相當深刻的體會。

瞭解自己的毒性生活原來歸屬在這樣的意涵下，讓我把更多事情看得更透徹。能更輕鬆地從高齡的位置看待我的人生，甚至在離開強制性社會後感受到人生的美好。這樣的體會加上現在健康狀態趨於平穩，讓我感覺晚年生活還過得去，也很舒適。我從容地等待終點的來臨，但我想終點應該還有點距離。

根據韓秉哲的說法，社會型和積極型社會還會產生極端的倦怠和衰竭，過度要求提高效能會造成靈魂阻塞。成就型社會的倦怠是一種孤獨式倦怠，讓人感覺孤單和隔離。

然而，彼得・漢克（Peter Handke）在其著作《關於倦怠》（*Versuch über die Müdigkeit*）[2]以一種動人、視覺感受、和解的倦怠，正面挑戰這種無言、茫然、挑撥紛爭的倦怠。如果說自我倦怠或孤獨式倦怠是一種去世界化、毀滅世界的倦怠，那麼漢克所言的倦怠就是一種「信任世界的倦怠」。這種倦怠打開了自我，讓世界滲透進來；它重新創造了在孤獨式倦怠中被毀滅殆盡的「二元性」，人們開始用眼睛和用心去看，同時也被看見；去觸動，也被觸動：「倦怠變成平易近人的狀態，滿足了被觸動的期待，也變成主動觸動他人的主體。」它先讓人駐足，稍作停留。少一點自我即代表多一點世界：「倦怠是我的朋友，我又重新回到世界裡。」（彼得・漢克）以我現在的高齡，我想跟隨這種倦怠。

1　亞倫・艾倫伯格，《筋疲力竭的自我：當代的沮喪和社會》（*Das erschöpfte Selbst. Depression und Gesellschaft in der Gegenwart*）。法蘭克福：二〇〇八，第十四頁以下。

2　彼得・漢克，《關於倦怠》。法蘭克福：一九九二。

10 衛氏宇宙

最近去了熟識的書店，一進店裡隨意地跟老闆打聲招呼：

「喂，最近藝術怎麼樣？」

「什麼藝術？」他略微不解地問。

「就……生活藝術啊！」

一時我才意會，原來許久以來我已經將生活視為一種藝術，我的生活就是我親手創造的一種藝術品。何謂「藝術」？愛因斯坦這麼說：「當世界不再是個人希望、期望和欲望的舞台時，當我們以自由創作者的角度欣賞、探索、觀察時，我們走進了藝術的王國。凡所見、所體驗以邏輯的語言被複製時，這就是科學；當它透過關聯無法被意識思考截獲、但直覺上被認同為有意義的形體時，那就是藝術。兩者的共通點就是對於超越個人、遠離意志的愛。」

長久以來，我心中對於我與法蘭克福書展的關係變成一種準則，我視它如藝術品，試圖完成這件藝術品，卻永遠無法達成。

現在我發現，面對我自己的生活，我也抱持同樣的態度。一九八〇、九〇年代，我想要利用在地球上的定位、在歐洲大陸及歐洲文化核心扎根的方式，創造一件作品，一件至少我認爲是我自己的作品。和藝術品一樣，我自認爲所有對我生命產生影響力的因素都必須包含創新、超越個人的元素。

現在年事已高，我明白，自己的生命其實沒有那麼多的原創元素。人類是社會裡的一分子，我們會受到無數因素影響，尤其是我們周遭的人或經由媒體（書籍、報紙、電子媒體、收音機、電視、網路等）接觸到我們、影響我們的人。除此之外，我們當然也會被周遭環境影響，大自然或非自然的城市、房屋、樹木或我們使用的交通工具，以及我們四周的溫度及氣候等。

特別是，我認爲，那些和我們處於同一世代或曾經出現在我們生命中的同儕，也是讓我們變成現在模樣的因子。我們用生命和情感回應他們，接收或拒絕他們的訊息。我們利用這些人給我們的經驗和材料塑造自己生命的形狀。結果還是我們自己的原創作品，我們現在的模樣。

即將走到生命盡頭之際，我往後退了一步，仔細打量「我」這件生命作品，或許我能滿意地接受，或許我能輕鬆地靠在椅背上，如釋重負地說：爲了成爲一個好人，我的努力有代價了，這件作品還算成功，還記得歌德曾說：「凡努力不懈者，應得到救贖！」

但從一些朋友身上，我發現也可能出現另一種結果：即便終其一生努力耕耘，最後結果出爐時，竟然發現作品不及格，生活扭曲變形。於是，他們就像惱羞成怒的藝術家抓起它奮力一砸，縱身一跳，生命就在火車輪下、癌症或其他疾病的魔掌下消失了。

但也有人願意接受他們原來的模樣，他們不會問他們變成什麼樣子，也不想知道他們的存在從何而來。

當我回頭看生命中那些感動和矛盾片段時，讓我訝然的是，我竟然能以一顆滿足的心回顧這張生命的成績單。難道影響我生命的元素全是正面和美好的，才能造就這件成功的作品？還是說我內在有一股力量，能自動篩選出有建設性的生命元素，淘汰所謂的破壞因子？

坦白說，一路上有幸遇見這麼多偉大又令人敬仰的大人物，讓我不時徜徉在人群互動、想法交流和信念之中。與同儕密集的溝通更是我生活的動力來源，從圍繞在我身邊以及我遇見的人們身上，我吸取了經驗，奠定了我生命的基石；對我這個「生活藝術家」而言，其他人的經驗就是創作的材料。

這些其他人又是誰？我總是努力地感受我的世界，傾聽別人的聲音，有意識地接收每次與人交會時獲得的體悟。雖然也曾在極少數衝突中轉身離開，但紛爭後總是深刻反思，記錄每次衝突的過程，評斷它對我的價值，並將它整合至自己的生命中。

突然有一天我開始思考，身旁圍繞的那麼多人當中，有多少人影響了我的生活。長期以來，我一直保有記錄的習慣，我甚至說得出他們的名字。在記憶中搜尋，回想他們的影響在我身上留下了什麼痕跡。

匆匆翻了一下我的回憶筆記，竟然有這麼多同儕在過去五十年或更長的歲月裡影響了我，無論如何都該好好感謝他們。除了他們之外，肯定還有更多人值得我感謝，只是我的筆記裡未詳細記載。

圍繞在我周圍的這個世界，姑且讓我戲稱它為「衛氏宇宙」：這個我有意識和無意識生活了四分之三世紀之久的世界，這個塑造我、造就今天的我的宇宙。

這是一種另類的自傳體呈現方式。我周圍的人代表我生活的時代，他們傳達我所置身時代裡的想法以及要求得到讚揚、跟隨、服從的權威。愛因斯坦是怎麼說的？「凡所見、所體驗以邏輯的語言被複製時，這就是科學；當它透過關聯無法被意識思考截獲、但直覺上被認同為有意義的形體時，那就是藝術。兩者的共通點就是對於超越個人、遠離意志的愛。」

我想「以邏輯的語言複製所見、所體驗」，來掌握那些「對於超越個人、遠離意志的愛」，「無法被意識思考截獲」、「直覺上被認同為有意義的形體」，這樣一來，我的生命也會多那麼一點點的科學。我當然不是想藉由這樣的行動表達我的生命有多科學，只是試著在記憶裡搜尋影響我生命的來源。我發現一個有趣的現象是，原來我是有意識地去接受那些來自四面八方、能夠強化和微調我生命的影響力，因為我會閱讀職場上一些朋友和重要人物的自傳，而且我相信他們一定能在我身上留下某種痕跡。

衛氏宇宙——百科索引

按原文姓氏字母順序排列。以星號*標註的人名（作家、政治家、當代人物），我不認識他們本人，但他們令我印象深刻（編按：細黑體內文字代表作者與這些人相遇的經過）。

引用著述：

衛浩世，《憤怒書塵》。烏珀塔市：一九九七。

衛浩世，《法蘭克福書展六百年風華》。法蘭克福：二〇〇三。

衛浩世，《集書人：法蘭克福書展前主席衛浩世二十五年任內的祕辛》。柏林：二〇〇七。

衛浩世，《書展邊緣的獨行：法蘭克福書展前主席衛浩世回歸自我之旅》。台北：二〇一三。

*安部公房

（Kobe Abe，一九二四年生，一九九三年卒，日本作家）

安部公房一九六二年於日本出版的小說《砂丘之女》讓我為之撼動。該作品的德文版於一九七八年由東柏林的「人民與世界」（Volk und Welt）出版社發行。一九九〇年六月我讀了這本書。男主角絕望地試圖逃離砂丘之女的禁錮，這種絕望很有卡夫卡的色彩。

馬里奧・奧朵夫

（Mario Adorf，當代人物：一九三〇年生。義大利裔德國演員，也是喜劇作家）

一九九七年，他突然出現在我們在法蘭克福的義大利餐廳「達皮瓦」（Da Piva）舉辦的書展派對上。我一直很欣賞他的演技，尤其是他在迪特・溫德爾（Dieter Wedel）一九九三年執導的四集電視影集中飾演的大個子角色貝爾漢（Bellheim）。

派對上突然看見他本尊，有幸和他聊天，真的讓我受寵若驚。

穆罕默德・阿里

（Mohammad Ali，本名凱修斯・克雷〔Cassius Clay〕，當代人物：一九四二年生。美國拳擊手）

他是全世界最偉大的重量級拳擊手之一。除了在拳擊場稱霸之外，他的名字也常見諸報紙頭條。他公開反對越戰，一九六〇年代支持美國黑人解放運動。更以激進的政治主張、拳擊場

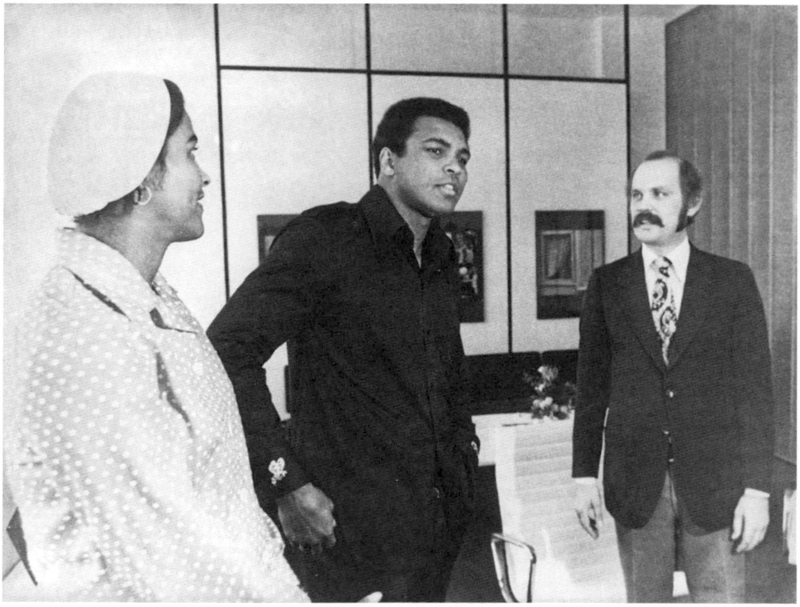

拳王阿里和他的夫人，攻占我辦公室之後。（照片由衛浩世提供）

內外超級自信的表現名滿全球。

一九七五年，他突然和夫人出現在我在法蘭克福書展的辦公室，外界對他的傳言一點也不假。他蜷縮著頭，擺出拳擊架式朝我逼近。一開始我有點嚇到，感覺到一股強大的男性力量。面對那樣的力量，我想不會有人想站在他面前與他為敵。

我八、九歲時也練過一陣子拳擊，其實不算正統的拳擊：我的拳擊手套比我的頭還大，褲子（拳擊褲）拉到胸部那麼高，我的拳擊能力有限。但我竟也打過三到四場公開的「超輕量級」拳擊賽。那是狂野的肉搏戰，我一直感到莫大的恐懼。但當時的教練稱讚我的腳功不錯，腳部動作靈活，可以敏捷地閃躲對手的拳。

多年後，一九六〇年，我進入法蘭克福書商學校。當時學校裡有一百零五名女學徒，只有十五名男學徒，而且大多骨瘦如柴，手無縛雞之力。但其中兩名男生是訓練有素的業餘拳擊手，他們每天晚上都會在我們之中選一個到書商學校的屋頂上單挑。對我們這些弱不禁風的小學徒來說，他們實在太奸詐了，竟然在所有女生面前下戰帖。他們丟給被點名單挑的人一只皮製的防護頭罩和一雙超大的手套，儘管有了這些護具，他們還是沒有勝算。那兩個拳擊手戲弄般敲打小個子的頭，再來幾個輕微的身體接觸，最後再以三記命中目標的重拳結束這場災難。有時候也會輪到我，逃也逃不掉，嚇到軟腳是一定的，我和大家都一樣，但可不能夾著尾巴逃掉，因為有女生在。

我對童年時期這項運動的記憶已不復存在，但只要一將手套舉到眼前擺起掩護姿勢，我的身體沒來由地就會和小時候一樣左右晃動，準備閃躲對手來勢洶洶的攻擊，我的姿勢看起來肯定架式十足。突然間，女孩子爆出驚叫聲，她們抱著看熱鬧的心態慫恿我，依稀感覺可能會上演一場真正的拳擊賽。我壓低頭，身子一閃，對手揮拳落空。這時候對手防禦出現了漏洞，其實我根本沒看見，只是本能地反應揮拳攻擊（我小時候就是這麼學的）。對手嚇呆了，防禦的漏洞更大，一不小心手降低了位置。我繼續趨前進攻，給他來個連珠砲轟。這位拳擊英雄應聲倒地，緊緊遮住後來變成一圈黑眼圈的左眼。

一九七三年，法蘭克福書展呼籲友持阿葉德總統。（照片由衛浩世提供）

***阿葉德**（Salvador Allende Gossens，當代人物：一九〇八年生，一九七三年九月十一日逝於智利聖地牙哥。醫學博士，一九七〇至七三年間擔任智利總統）

阿葉德總統在位期間試圖以民主的方式，在智利建立一個社會主義國家，一九七三年被智利軍事政變推翻並死於政變。阿葉德是個熱情的男人，他的民主社會主義理想之所以會失敗，是因爲他始終不願意利用他的權力擁兵自重，以暴力對抗強大的敵人。

我沒見過他本人，但在結束三個月的拉丁美洲之旅前，我被困在聖地牙哥皮諾切特（Pinochet）政變的混亂局勢之中，和阿葉德總統一起經歷了他政權的最後幾個鐘頭。阿葉德總統曾經是我們一九七〇年代在法蘭克福政治領域討論的悲劇主角。

和捷克斯洛伐克社會主義共和國（CSSR）的杜布契克（Dubcek）一樣，阿葉德總統同樣敗於建立社會主義國家的理想上，當時的年輕人要求成立社會主義國家，與民主妥協，讓西方國家接受他們。然保守勢力在智利軍隊和美國（「帝國主義」）中央情報局的協助下，以殘暴的方式加以阻擋。

霍赫・阿馬多

（Jorge Amado，當代人物：一九一二年生於巴西，二〇〇一年逝於薩爾瓦多。二十世紀最重要的巴西作家之一）

霍赫・阿馬多。（© André Koehne）

阿馬多最著名的作品就是《丁香與肉桂的女郎》（*Gabriela wie Zimt und Nelken*），作品中的場景幾乎全集中在巴西東北方，主要是在巴伊亞（Bahia）州或附近。其著作內容主要描述一般人的生活和奮鬥故事。儘管主人翁面臨物質缺乏的問題，但他的作品大多洋溢活力和對生活的熱情。作品的發生地點和主題大多爲妓院、嘉年華會及巴西混血文化。

一九七一年，我因德國書展活動來到巴西巴伊亞州，原想和他見面，他剛好出外旅行了，那實在少見。但幾年後，我們還是見面了，純粹偶然在他的「舞台」上——巴伊亞的市場。後來德國巴德洪姆堡（Bad Homburg）一家知名文學社社長梅爾廷（Ray Güde Mertin）成功説服他前參加一九七六年法蘭克福書展的拉丁美洲主題活動。他是個絕對不搭飛機的人，因此特地乘船橫渡大洋而來。

偶然間，我在巴伊亞讀到他的作品，好奇一窺他筆下跳著森巴和巴西戰舞的黝黑皮膚的人們，貪婪地享受他們巴西人對生命的喜悅和樂趣。

*君特・安德斯

（Günther Anders，當代人物：一九〇二年七月十二日生於布列斯勞〔Breslau〕，一九九二年十二月十七日逝於維也納。本名爲君特・席格姆德・史提恩〔Günther Siegmund Stern〕，奧地利社會哲學家和作家，具猶太血統）

君特・安德斯挑戰了他所屬時代的工業化和道德規範，作品主要議題在於「人性的毀滅」。由於他不認同當代的高院哲學，因此至今安德斯在哲學領域上幾乎無人知曉。

一九八一和八二這兩年我不時重新閱讀他的大作《人類的懷古》（*Die Antiquiertheit des Menschen*）第一冊「關於第二次工業革命時代的靈魂」（*Über die Seele im Zeitalter der zweiten industriellen Revolution*）和第二冊「關於第三次革命時代的生命毀滅」（*Über die Zerstörung des Lebens im Zeitalter der dritten Revolution*）。他的思想對我當時的世界觀深具影響力。

一九八八年，亞蘭特博士蒞臨法蘭克福書展。（照片由衛浩世提供）

亞蘭特博士

（Dr. Gottfried Arendt，當代人物：年紀約長我十歲。外交部大使館參贊，一九七六年擔任德國駐布宜諾斯艾利斯德國大使館文化部負責人）

他天生帶有德國萊茵河地區的樂觀性格，不像外交部大多數的官員，也不像法學家。一九七〇年代初，他曾負責外交部文化部門書籍相關業務數年，當時我們曾有愉快的合作經驗。後來，一九七六年，他擔任德國駐布宜諾斯艾利斯德國大使館文化部負責人，他帶著我寫給魏德拉（Videla）將軍的信及前往法蘭克福的機票來到布宜諾斯艾利斯的監獄，協助釋放發行人丹尼爾·迪維斯基

（Daniel Divinski）和他太太庫姬・米勒（Kuki Miller），並將兩人送往愛扎撒（Ezeiza）機場，搭上德國漢沙航空的班機來到法蘭克福，參加法蘭克福書展的拉丁美洲主題館活動。後來他們逃亡至委內瑞拉。

亞蘭特博士的英勇事蹟還不僅這一樁，他也曾從阿根廷軍事政權的暴行下營救出數名陷入險境的知識分子，包括歐斯瓦爾多・拜爾（Oswaldo Bayer）和艾度雅多・格利亞諾（Eduardo Galeano）。

馬里阿瑪・巴

（Mariama Bâ，當代人物：一九二九年生於達卡〔Dakar〕，一九八一年逝世。塞內加爾作家，屬於福爾貝族人〔Fulbe〕）

我和她於一九八〇年在法蘭克福的「非洲書展」結識，我非常欣賞她。馬里阿瑪和前夫帝歐波（Obèye Diop）議員離婚後，和九名子女住在塞內加爾。她的第一本小說《漫漫長信》（*Une si Longue Lettre*）一九八〇年甫出版即在法蘭克福書展上獲得諾瑪（Noma）文學獎的新人獎。堅強女性的偉大作品！這本書在非洲書展期間共賣了十四種語言的版權。隔年，第二本書出版前不久，她死於癌症。她的作品主要反映伊斯蘭教環境下的社會關係及其衍生問題，如一夫多妻

一九八〇年，我與馬里阿瑪・巴在法蘭克福書展會場合影。（照片由衛浩世提供）

制、社會階級制度及被壓抑的婦女角色等。

馬里阿瑪・巴是一位堅強的女性，同時也很謙虛。和她相處，我感受到她內在的堅強，也對她的泰然印象深刻。書展一年後得知她離世的消息，我感到相當震驚。我深信她英雌早逝，與身處於伊斯蘭社會、蒙受男性環境帶來的嫉妒和壓抑，絕對有關係。她勇於打破男性社會的禁忌。

羅伯特・貝恩許

（Robert [Bob] E. Baensch，當代人物，國際出版書業顧問）

羅伯特・貝恩許目前經營一家由他一手創立的貝恩許國際集團公司（Baensch International Group Ltd.），公司業務主要是國際

羅伯特・貝恩許蒞臨法蘭克福書展。(照片由衛浩世提供)

出版事業及其初期和後續管理等，全是他擔任出版事務教授及紐約大學出版中心主席這十一年來的經驗累積。

之前他自稱是紐約知名力左利國際出版公司（Rizzoli International Publications）的行銷資深副總。在那之前，一九八八到九一年間，他擔任美國物理學院（American Institure of physics）出版中心主任，負責六十本雜誌、一項圖書計畫，以及圖書印刷出版計畫和資訊中心的資料庫。一九八三到八八年，他擔任美國麥克米倫出版公司（Macmillan Publishing Company）行銷副總，除了行銷／業務之外，也負責麥克米倫軟體公司（Macmillan Software Company）和「英文作爲第二語言多媒體計畫」（English as a Second Language Multimedia Program）。

一九八三年之前，他擔任紐約史平格（Springer）出版社董事。一九六八至八〇年擔任美國哈伯與羅發行人公司（Harper & Row Publishers, Inc.）國際部門主管。他的出版事業從麥格羅希爾國際出版公司（Mac Graw-Hill Book Company）起步，當時他升任版權部門及國際部出版主管。

二〇一〇年九月，他應聘擔任「媒體與出版基本管理」（General Administration for Press and Publications）教育和訓練中心的客座教授，同時也是紐約大學雷文（Levin）學院出版計畫負責人。

貝恩許曾出版《中國的出版工業》（*The Publishing Industry in China*）一書，目前爲紐約《出版研究季刊》（(*Publishing Research Quarterly*）的發行人。

貝恩許是美國圖書和出版業專家，他的經驗不勝枚舉。一九八三年我在籌備法蘭克福書展的紐約主題書展時面臨了一些問題。貝恩許當時剛好卸下紐約史平格出版社的領導職務，他義不容辭地跳下來幫我，統籌前置作業，以他謹慎、含蓄的方式擺平難搞的美國出版業者。

之後，我們不時在世界各地的圖書活動和書展相遇。對我來說，他是最能代表集書人形象的首選，但我不確定他是不是如我在所有集書人身上發現的那樣，也喜愛美食和美酒。

我與艾貢・巴爾在書展上合照。（照片由衛浩世提供）

艾貢・巴爾

（Egon Bahr，當代人物：一九二二年生。社會民主黨黨員）

艾貢・巴爾是德國前任總理威利・布朗特（Willy Brandt）在緩和政策上最重要及極具影響力的顧問之一，同時也是他的摯友。一九六九年聯邦議會選舉之後，他成爲聯邦總理府的國務祕書及柏林聯邦政府的全權代表。在這個職務上，他負責莫斯科與東柏林之間的協調，在莫斯科協議、華沙協議、過境協定及基礎條約上具有權威性的影響力。上述後兩項協議的簽訂，巴爾代表德意志聯邦共和國，米歇爾・柯爾（Michael Kohl）則代表了德意志民主共和國

（DDR）。巴爾後來也因此被稱爲「東進協議的建築師」。巴爾主張自由社會主義的東進政策「以接近促轉變」，以及「小步前進政策」。

我第一次見到艾貢・巴爾是在他一九六八年隨德國前任總理布朗特前來參加「我」在布宜諾斯艾利斯舉辦的德國書展開幕式。此後，我開始對他為兩德和平所作的努力甚感興趣，也非常擁護他「以接近促轉變」的東進政策，並試圖不著痕跡地以我的圖書事業默默支持該政策。一九八〇年代，我曾數度帶他參觀書展。他是一位非常嚴肅、求知若渴的人物及政治家。

霍赫・巴羅斯

（Jorge Barros，當代人物：一九二六年七月十八日生。智利出版人）

一九七三年，皮諾切特在聖地牙哥發動軍事政變前不久，我和霍赫・巴羅斯第一次見面，當時他仍擔任阿葉德總統任內吉格－扎格（Zig-Zag）國家出版社的負責人，我欣賞他在即將面臨政變的巨大壓力下仍不改謙虛、幾近羞怯的性格。後來，他二度成為智利圖書交易在法蘭克福的代表。一九八三年他成立了佩伍恩（Pehuén）出版社，至今（二〇一三年）他仍以八十六歲高齡與兒子共同經營這家出版社。政變之後，在皮諾切特統治下，他因大膽出版有關卡洛斯・普拉茨（Carlos Prats）將軍的回憶錄而聲名大噪。普拉茨將軍是皮諾切特的軍中前輩，對阿

霍赫・巴羅斯（左）與其他智利出版業者於一九九〇年法蘭克福書展上合影。
（照片由衛浩世提供）

葉德總統忠心耿耿，一九七四年九月，皮諾切特派人謀殺了普拉茨將軍和其夫人。我曾寫信給巴羅斯，請教他出版該書的五個問題，以下就是他詳細但又極其謙虛的回覆內容：

1 普拉茨將軍是誰？

軍人，一九一五年二月二日出生於智利塔爾卡瓦諾（Talcahuano）。十六歲進入軍事學校就讀，畢業時是當屆最優秀的學生。與索菲雅・庫特伯特（Sofia Cuthbert）在伊基克（Iqique）結婚，育有三個女兒索菲雅（Sofia）、瑪麗亞—安格麗卡（Maria-Angélica）和契絲莉雅（Cecilia）。一九七〇年十月二十六日由傅雷總統（Eduardo Frei）任命爲陸軍總司令，後來工作表現受到阿葉德

霍赫・巴羅斯畫像。（圖片由衛浩世提供）

總統肯定。在他的指揮之下，智利軍隊實施了有史以來最重要的現代化和合理化改革。普拉茨自一九七二年擔任智利共和國的內政部長和副總統暨國防部長，直到一九七三年。

他是一位擁護民主、同時也是反對政變的優秀人士。除此之外，由於他與生俱來不凡的寫作天分，他一直是《吉格－扎格》雜誌長年合作的作家。一九六二年，他榮獲《南方日報》（*El Sur*）在康賽普西翁（Concepción）舉辦的小說比賽第二名。

他一到布宜諾斯艾利斯，便著手修改他的回憶錄最後幾頁，就在他和夫人於一九七四年九月三十日遭皮諾切特獨裁政權謀殺的前幾天。

我（霍赫・巴羅斯）以該書發行人的身分請他的家人（他的三位女兒）同意以普拉茨將軍自己所提，將該書命名爲《回憶錄》（*Erinnerungen*），次標題爲「一名軍人的證詞」。普拉茨將軍在《回憶錄》第三章「寫給同胞的一封信」中寫道：「我有義務傳達 Mi Testemonio…（我的證詞）。因爲在歷史爭議時刻，命運無情地讓我參與我們國家生命最後幾年的重大事件。因爲我有幸瞭解國家不得曝光、屬於智利歷史形象的機密。因爲這個形象超過政治鬥爭的眞相。然而眞相嚴重被扭曲。我親眼目睹多名高層人士的高貴情操，但他們已經不能爲自己發言，因爲不久前他們已從地球上消失了；然而我也親眼目睹其他同樣位居高官者齷齪的行徑，他們或許基於恐懼，打算就此銷聲匿跡。爲什麼會有這麼多人，無論是匿名或公開，以陰謀論、毀謗、傷害和謊言來傷害我專業的名譽和我個人的自尊？」

2 如果普拉茨被謀殺，是誰謀殺的？

如果皮諾切特獨裁政權就是直至一九〇〇年教唆犯案的幕後首腦，那麼這項罪行的執行者就是：美籍的麥可・湯利（Michael Townly）和智利籍的瑪莉安娜・卡勒雅斯（Mariana Callejas）。他們兩人因此案在布宜諾斯艾利斯及聖地牙哥被提出告訴。

3《回憶錄》何時出版？

《回憶錄》第一版於一九八五年三月出版，一九八五年五月再版。第二版於一九八五年八月，第三版於一九八七年三月，第四版則於一九九六年五月。一九八四年下半年，普拉茨將軍的女兒透過馬希莫・帕契可（Maximo Pacheco）國際圖書公司轉介，讓我們獲得出版《回憶錄》的機會。佩伍恩出版社一九八三年十月開始出版事業，對我們而言，出版普拉茨將軍的《回憶錄》似乎是佩伍恩的重大契機。

4 我們出版這本書，會有什麼後果？

我們在聖地牙哥大主教轄區「泉源圖書館」（Libreria Manantial）正式介紹這本書，透過私人邀請與會人，成果斐然，有五位大使和七位外交代表及不同位階的退休智利官員蒞臨。另外還有數名記者、普拉茨將軍的親友及政治圈人物。

我只聯絡了《第二報》（*La Segunda*）社長，他特別在報紙上登了一篇專欄。那是晚報，因此當天晚報即刊登有關該書資訊的報導。

不久，我們得知皮諾切特爲此盛怒，並試圖阻止該書的販售。但是司法部長羅桑德（Rosende）力勸阻止，因爲作者曾經是他（皮諾切特）擔任陸軍總司令的前輩。皮諾切特退而取其次，當日下達命令，任何人不得閱讀此書，但此舉無疑讓《回憶錄》銷量大增。

書店和媒體亦接獲命令：書店不得展售此書，媒體不得推薦。

5 你們共計銷售多少冊？

四版銷售量共計兩萬一千冊。

霍赫・巴羅斯

聖地牙哥，二〇一〇年九月

法蘭西斯・貝貝（右）與來自象牙海岸的阿瑪杜・庫忽瑪（Ahmadou Kourouma）於一九八〇年書展活動上合影。（照片由衛浩世提供）

法蘭西斯・貝貝

（Francis Bebey，當代人物和朋友：一九二九年七月十五日生於喀麥隆港都杜阿拉〔Doula〕，二〇〇一年五月二十八日逝於巴黎）

貝貝是喀麥隆裔法國音樂家和作家，他在喀麥隆度過童年，後來隨家人遷居法國。他以英文、法文或朱拉族語（Doula）表現其藝術創作。一九六七年完成的小說《雅格特・穆帝歐》（*Le Fils d'Agatha Moudio*）讓他在一九六八年榮獲重要的「非洲文學大獎」（Grand Prix littéraire de l'Afrique noire）殊榮。該書德文版（*Der Sohn der Agatha Moudio*）於一九六九年出版。他以另一本書《雨之子》(*Das Regenkind*)獲得「聖修伯里獎」(Saint-Exupéry Preis)。

我第一次見到法蘭西斯・貝貝是在一九八〇年法蘭克福書展上的「黑色非洲」主題館。他應德國烏珀塔市彼得・漢默(Peter Hammer)出版社的發行人赫曼・舒茲(Hermann Schulz)之邀前來。我在書展入口處和他致意,幫忙接下他那笨重的吉他外箱,穿過整個書展會場一路提到我的辦公室。貝貝沿路不時搞笑,還對著其他訪客說:「你看,這個白人主人幫黑人提行李!」從那時候起,我們就成了好朋友。他來拜訪我數次,在我的派對上演奏非洲歌曲或拿吉他自彈自唱。他非常熱情,但並不總是無憂無慮。我讀過彼得・漢默為他出版的小說《亞伯特國王》(*King Albert*)。

喬孔達・貝里

(Gioconda Belli,當代人物:一九四八年十二月九日生於馬拿瓜〔Managua〕。尼加拉瓜作家與自由鬥士)

堅強的女性就是喬孔達・貝里生命和作品的寫照。首先她自己就是一位堅強的女性:她出生於富裕的尼加拉瓜家庭,在西班牙一家修道院附設學校受教育,後來到美國念大學,主修通訊科學。婚後,一開始是家庭主婦和母親。

喬孔達・貝里與德籍發行人赫曼・舒茲合影。（照片由衛浩世提供）

二十出頭時，她打破社會傳統的女性角色，在一家廣告公司工作。由於不滿政府無視百姓窮苦潦倒，以及蘇穆薩（Somoza）政權濫用權力，因緣際會下與桑定諾（Sandino）民族解放陣線接觸，後來她在墨西哥和哥斯大黎加逃亡期間，也理所當然地以文章和海外活動實際支持民族解放陣線。她因進行顛覆活動，不在尼加拉瓜期間被判了七年監禁。一九七九年桑定諾革命成功那一年，她返回尼加拉瓜。一九八六年前，她擔任革命政府不同層級的文化政策職務，其中包括電視台台長及媒體發言人。

由於對政治失望、理想與現實誤差太大，加上無法忍受桑定諾領導小組的大男人主義（例如禁止她與後來成爲她夫婿的美籍記者聯絡）一九九〇年初，她正式宣布脫離桑定諾政府。她在回憶錄《捍衛幸福》（*Die Verteidigung des Glücks*）中談及投入政治事務和女性自我實現之間的衝突。她的結論是：「我深信擁有幸福和革命同等重要。」

貝里到目前爲止的四本書：《百年心魂》（*Bewohnte Frau*, 1988，原意「被附身的女人」）、《火山的女兒》（*Tochter des Vulkans*, 1990）、《瓦思拉拉》（*Waslala*, 1996）、《誘騙的手稿》（*Das Manuskript der Verführung*, 2006）的女主人翁，都必須在男性主導的世界大聲主張：「如果我不夠聰明，不懂得追求我自己的幸福，那該如何拯救世界呢？」

我只在尼加拉瓜見過喬孔達・貝里一、兩次（印象不是太深刻），但她的作品深深令我著迷，而且我的好友，也是貝里作品在德國的發行人赫曼・舒茲總不時提到她，對她讚譽有加。

貝利薩里奧・貝坦庫爾・誇爾塔斯

（Belisario Betancur Cuartas，當代人物：一九二三年二月四日生於哥倫比亞安地基亞〔Antioquia〕的阿瑪加〔Amagá〕。哥倫比亞政治家）

一九八二至八六年間貝坦庫爾擔任哥倫比亞總統，在位期間致力於哥倫比亞各種衝突事件的和平談判，他與勢力龐大的武裝游擊隊哥倫比亞革命軍（FARC）、全國解放軍（ELN）

貝利薩里奧・貝坦庫爾・誇爾塔斯。（© Vanessa Reyes, ALTAIR crea & Comparte, CC-BY-SA 2.0）

及民族解放軍（EPL）談判進行和平協議。一九八五年十一月六日，另一支武裝游擊隊M-19攻擊位於波哥大（Bogotá）的法院，談判終告破局。相形之下，貝坦庫爾支持中美洲（特別是尼加拉瓜和薩爾瓦多）和平所作的努力成果頗豐。

由於貝坦庫爾在其成立的中美洲和平組織（Contadora por la Paz en Centro-américa）架構中致力調解衝突，於一九八三年獲頒阿斯圖里亞斯王子獎的和平及國際合作獎項。

貝坦庫爾曾任拉丁美洲羅馬俱樂部（Club of Rome）的副主席與「山提拉娜關懷拉丁美洲」（Santillana for Latin America）基金會董事一職，該基金會與西班牙山提拉娜出版社關係密切。

一九九〇年，我很高興，也很榮幸在瓜達拉哈拉（墨西哥）一場研討會上，與山提拉娜基金會董事暨墨西哥前總統米格爾・德拉馬德里（Miguel de la Madrid）在拉丁美洲圖書的未來議題上針鋒相對。當時貝坦庫爾的謙虛和沉著穩健的辯答風采，令我折服。

契夫・畢爾格

（Zev Birger，當代人物暨多年好友：一九二六年生於立陶宛考納斯〔Kaunas〕，二〇一一年六月六日逝於耶路撒冷。以色列政府官員，曾任耶路撒冷書展主席）

契夫年事已高（八十五歲），但當時任誰也無法置信我們竟會失去他，他以無以倫比的溫暖和人性的關懷贏得我們的喜愛。他這個小男人喜歡擁抱大女人，女人也熱情回報。他的魅力和熱情無人抵擋得了。但契夫不只愛女人，他愛所有人、全人類，當然也不是來者不拒。他特別喜歡身邊親近他的人，包括他的孩子、同事、戰友，當然還有朋友。二〇〇四年我躺在病榻上，他寫信告訴我，他幫我寫了祈福紙條，塞在耶路撒冷的哭牆裡。

契夫・畢爾格，納粹大屠殺的倖存者，一九二六年出生於立陶宛卡納斯。在他的書《沒有時間忍耐：從卡納斯到耶路撒冷》（*Keine Zeit für Geduld: mein Weg von Kaunas nach Jerusalem*）中，他描述在卡納斯猶太居住區裡無以想像的人間煉獄，當時他已失去母親，之後被送往考夫陵（Kaufering）集中營。那是達浩（Dachau）集中營附近的外營，他被迫在一個地下軍備工廠做苦工。畢爾格後來罹患傷寒，戰爭結束時被診斷爲無藥可醫，被送往美軍野戰醫院。後來他戰勝死神，更激起求生的意志。他是家族裡唯一逃過大屠殺的倖存者，病一好，他開始協助一個專門從法蘭克福將難民非法送到巴基斯坦的組織工作。在此他展現不凡的組織天分，並認識了他

「超越一切最愛」的妻子土魯荻・西蒙（Trudi Simon）。西蒙出生於法蘭克福，是奧許維茲（Auschwitz）集中營的倖存者。一九四六年六月三十日，他們倆在法蘭克福施耐漢莫街（Schneidheimer Str.）一家民宅庭院結婚。

以色列建國初期，畢爾格負責籌備成立國稅局事務。一九六七年六日戰爭期間，他授命重組以色列的工業部。之後，他負責以色列的電影經濟產業。一九八一年，耶路撒冷市長泰迪・克雷克（Teddy Kollek）賦予他一連串新任務，自此他的生命出現巨大轉變，其中包括被任命爲耶路撒冷展覽會議部（Jerusalem Fair and Convention Bureau）主席。除了負責耶路撒冷的猶太文物展和無數會議，也負責籌辦耶路撒冷國際書展。負責書展期間，他還規畫了「編輯同好研討會」的活動，提供年輕出版業人和編輯在國際平台上彼此切磋交流的機會。

徵求契夫的同意後，我將這個活動的模式複製到法蘭克福書展。作為耶路撒冷書展主席的契夫・畢爾格，如以色列總統裴瑞斯（Shimon Perez）為他的書寫序時所提，他不僅扮演以色列和耶路撒冷文化的傳播者，更成為大家敬重又深愛的世界溝通者。

他與我和我夫人摯深的友誼有時常令我不解：年少時期受到我的同胞無可言喻殘害的人，怎麼會和德國人發展出這麼真摯的友誼？二〇〇八年我七十歲生日時，他寫了一封信給我：

親愛的朋友：

你就像我們這裡常說的，「小子，眞有你的！」我何其幸運，能在漫長職涯裡遇見這麼多有趣的好人。一九八二年我們在法蘭克福相遇，對我來說，那更是特別幸運的時刻。我們因爲工作必須接觸很多人，但你是唯一我認爲具眞性情的人。

在我眼裡，你還是個年輕小伙子，眼前有無限可能，值得去創造、去追求。可惜我無法參加你的生日派對，但我們很快就能再見面，我可得趕快安排一下。

讓我擁抱你，致上我最眞摯的祝福！祝你擁有健康、喜悅、活力、創作力，還有和英格共度更多美好快樂的時光。英格一如燦爛陽光，照亮了耶路撒冷，溫暖了我的心。

以最眞摯的友情，讓我們爲你的幸福、健康和人生乾杯！

摯友　契夫

一九八二年起，我們每年都在法蘭克福書展上碰面，而一九八七、九五、九七、九九及二〇〇五年也相約在耶路撒冷書展上見面。我在他家認識了數度擔任以色列總理、後來成為總統的裴瑞斯，他也是畢爾格的好友。

我們兩人最深刻的記憶是一九九六年在科摩湖岸邊那一次散步，當時我們正在貝拉喬參加為期一週的世界書展主席會議。我隨口聊起之前因為健康問題，曾在巴特沃里斯霍芬（Bad

一九九〇年，契夫・畢爾格「正式」蒞臨法蘭克福書展。（照片由衛浩世提供）

Wörishofen）做短期治療。剛好畢爾格一九四五年從達浩集中營被釋放後，被轉送到巴特沃里斯霍芬的美軍野戰醫院，憑著強大的求生意志獲得第二個人生；那時駐院的德籍醫師已經放棄搶救。隨著散步的步伐，他娓娓道來他那不為人知的悲慘記憶。這是他第一次向別人提起這段往事，連他的孩子和最親的親友，他也不曾提過。

既然說開了，畢爾格對這段歲月的陰影也解除了，他發表了《沒有時間忍耐》這本書。這本書於一九九七年由下列出版社共同發行，包括：專事出版與文學代理的霍夫曼（Hoffmann）版權代理、C・H・貝克出版社、柏林出版社、坎培斯（Campus）出版社、卡爾・漢塞

（Carl Hanser）出版社、艾康（Econ）出版社、愛格與藍德威爾（Egger & Landwehr）出版社、S・費雪（S. Fischer）出版社、利普曼（Liepman）版權代理、盧賀特韓德（Luchterhand）文學出版社、披珀（Piper）出版社、羅瓦爾特（Rowohlt）出版社和貝塔斯曼出版集團。

二〇一一年五月二十八日，畢爾格去欣賞音樂，正要離開耶路撒冷劇院時，被一輛機車撞倒，當場重傷陷入昏迷，從此沒再醒來，後來於二〇一一年六月五日辭世。畢爾格逝世後安息於耶路撒冷附近的紹爾山莊墓園（Givat Shaul），身後留有三個兒子多隆（Doron）、歐德特（Oded）和吉爾（Gil）及眾多孫子。曾是他多年來生命停泊港的愛妻土魯荻逝世於二〇〇二年。

威利・布朗特

（Willy Brandt，當代人物：一九一三年十二月十八日生於德國呂貝克〔Lübeck〕，本名賀伯特・愛恩斯特・卡爾・法姆〔Herbert Ernst Karl Frahm〕，一九九二年十月八日逝於德國溫克爾〔Unkel〕。德國最重要的戰後政治家）

一九六八年德國仍處於黑暗的無根飄盪時期，我們年輕人（當時我三十歲，仍自認屬於年輕族群）尋求值得我們依靠、指引方向、值得跟隨的代表性權威。那個時代，即便是師長、教會、作家或詩人（我們根本不認識他們），連政治家之中也找不到這樣的人物。我們久久擺脫不了納粹那場災難的陰影。

那時期唯一讓我印象深刻的政治家就是威利・布朗特。我不知道是否是因為他神祕的身世，或是他歷經納粹時期的鬥士人生，抑或是他與生俱來給人的安全感，在一九五〇年代權威破滅的德國，總讓人想親近。我甚至夢過他，有如沐浴在父親懷抱的夢。

一九四二年，籠罩在權威統治氛圍之下的時代，我進入奧地利茵河畔小鎮布勞瑙（Braunau）小學就讀，這裡正好是希特勒的出生地，我的成長之路就從這裡開始。老師教我們要為偉大的領導學習！將孩子教育成為民族和祖國而戰的英勇德國戰士，這種教育方法不僅野蠻，更是殘忍。我的德國少年基因中肯定隱藏著錯誤因子：我是左撇子，那是不被容許的！每次要寫字或畫畫時，左手不經意一抓，老師的木尺馬上重重落在我的左手指上，還不只打一下，之後還要到教室角落罰站面壁思過。

直到一九四〇年代末的戰後時期，那錯誤的因子開始表現在我反抗周邊權威的行為上，包括父親、師長、牧師、警察。當時我已經是偏右派德國青年組織的忠實會員了。

在布宜諾斯艾利斯聖馬丁劇院（Teatro San Martin），由我籌辦的德國書展會場上，我和威利・布朗特面對面站著。他的生平我略知一二，當時他擔任前德國總統基辛格（Kurt Georg Kiesinger）不怎麼進步的政府外交部長。他以親民的國家形象出席德國書展開幕式，應該可以凸顯翁加尼亞（Ongania）軍人執政的阿根廷對此文化活動的重視。我不知道威利・布朗特為什麼這麼

我第一次見到威利・布朗特是一九六八年在布宜諾斯艾利斯我籌辦的德國書展會場上。照片左側第二人就是我。（照片由衛浩世提供）

吸引我！是因為他模糊的身世？或是因為他擁有特別的年少經歷？

威利・布朗特出生於德國呂貝克附近的聖南羅倫斯（St. Lorenz-Süd），母親瑪塔・法姆（Martha Frahm）是消費協會的商人，親生父親是來自漢堡的約翰・默勒（John Möller）。布朗特與親生父親未曾謀面，是由母親和繼父路德維希・法姆（Ludwig Frahm, 1875-1935）撫養長大。他叫他爸爸，就連布朗特的高中畢業證書也記載路德維希・法姆爲其父親。他非婚生子的出身不時被同儕揭發爲污點，長大後也不時被政治對手拿來當作打擊他的把柄。一九二七年，他母親和砌牆工頭愛米爾・庫爾曼（Emil Kuhlmann）結婚，一九二八年二月第二個兒子出生後，威利・布朗特與繼父和繼父第二任妻子同住，他稱這位後母爲「朵拉阿姨」（Tante Dora）。

繼父路德維希・法姆是社會民主黨員（SPD），一九二六和二九年代表社民黨角逐呂貝克市議會議員。賀伯特・法姆自一九二五年秋天加入「兒童之友」（Kinderfreunde），即「鷹派」少年團，該少年組織於一九二九年四月更名爲社會勞工青年團（SAJ）。他少年時期加入德國社會青年團「鷹派青年」。他上過中學、實用中學，最後於一九二八年轉到呂貝克的約翰諾（Johanneum）高中就讀，並於一九三二年完成高中學業。一九三〇年他正式加入社會民主黨，一九三一年十月脫離並加入德國社會勞工黨（SAP），即左派社民黨另組的黨派。一九三二年五月，他在呂貝克一家造船公司當實習生。一九三三年希特勒掌權後，社會勞工黨被禁，於是該黨決定轉爲地下組織，繼續對抗納粹政黨。

一九三三年，他接獲任務，協助一名社民黨領導成員前往奧斯陸（Oslo）。後來計畫失敗，該成員被捕後，威利・布朗特接下他的任務，前往奧斯陸建立社會勞工黨組織營地。「威利・布朗特」是他當時用來掩護身分的名字，他以這個名字「正式」經由丹麥移民到挪威，最後在奧斯陸落腳。一九三四年，他開始上大學研讀歷史，但因同時爲挪威報社工作並參與祕密政治活動，他的大學學業並未完成。在奧斯陸期間，他也擔任社會勞工黨青年團（SJVD）中心負責人，並於一九三四到三七年間以青年團代表的身分加入倫敦的國際革命青年組織辦事處（Internationales Büro revolutionärer Jugendorganisationen）。一九三六年九月至十二月，他以「古納・格斯藍德」（Gunnar Gaasland）這個學生名字回到德國，並以戰地記者的身分留駐柏林，說起德文還故意帶著挪威口音。眞正的格斯藍德已在一九三六年和布朗特年輕時在呂貝克的女友葛圖德・麥爾（Gertrud Meyer）結婚，但這個婚姻只是紙上婚姻，目的是讓葛圖德取得挪威國籍，她直至一九三九年都和布朗特同住。格斯藍德提供姓名給布朗特使用，自己則留在挪威。一九三七年間，布朗特以記者身分深入西班牙內戰。

一九三八年，布朗特被納粹開除其德國公民資格，之後他努力爭取挪威公民身分。二次世界大戰、一九四〇年德國占領挪威時，他被德國監禁了一段時間。他被捕時穿著挪威的制服，身分未遭曝光，被釋放後他飛往瑞典。他在斯德哥爾摩（Stockholm）與兩名瑞典記者成立了瑞典挪威媒體社，銷售瑞典境內七十份報紙刊物。一九四〇年八月，挪威駐斯德哥爾摩大使館告知他已取得挪威國籍。他一直留在斯德哥爾摩直到戰爭結束，爲了整合社會勞工黨的流亡黨員回歸社民黨不遺餘力。他在斯德哥爾摩也結識了後來的奧地利總理布魯諾・克萊斯基（Bruno Kreisky），兩人維持多年的友誼。

一九四五年，布朗特以斯堪地那維亞半島的報社記者身分回到德國，報導紐倫堡審判。一九四六年五月二十日，他在呂貝克以「德國與世界」爲題發表演說後，得知當地社民黨已經同意在一九四六年夏天討論是否讓布朗特重回呂貝克。他應該會回去擔任出生地呂貝克的市長，但挪威外交部長哈瓦德・藍格（Halvard Lange）希望他以媒體的身分前往柏林，向挪威政府報告冷戰初期的狀況，於是他謝絕回出生地接任市長一職的機會。一九四八年七月一日，他從史列斯維希－霍爾史坦（Schleswig-holstein）邦政府再度取得德國公民身分。一九三四年，他爲自己編造了「威利・布朗特」這個身分；一九四七年起，這個名字，成爲他正式的名字並獲得柏林警察總署認可。

威利・布朗特從一九五七至六六年代表社民黨出任西柏林市長；一九六六至六九年被任命爲聯邦外交部長暨聯邦副總理；一九六九至七四年擔任德意志聯邦共和國第四任聯邦總理；並因致力於解除雙邊緊張情勢，以及與東歐國家進行調解的東進政策，於一九七一年十二月十日獲頒諾貝爾和平獎。

一九六四至八七年，他被選爲德意志聯邦共和國社民黨主席；一九九二年成爲「社會黨國際」（The Socialist International）主席。

一九六一年德國聯邦議院選舉，布朗特首度以社民黨總理候選人身分與當時高齡八十五的康拉德・艾德諾（Konrad Adenauer）交鋒。選戰期間，布朗特經常被拿來與美國年輕又魅力十足的甘迺迪總統（John F. Kennedy）相提並論。

一九六一年八月十四日，柏林圍牆啓建隔天，連艾德諾也不免俗地在言談中屢以「布朗特，又名法姆」來稱呼他的對手，藉此影射這些年流亡在外的布朗特：這個稱呼同時被解讀爲影射布朗特非婚生子的身分。巴伐利亞邦（Bayern）保守黨的總統法蘭茲・約瑟夫・施特勞斯（Franz Josef Strauß）早於一九六一年二月，就在德國菲爾斯霍芬（Vilshofen）試圖影射指謫布朗特逃亡國外爲背叛祖國的行徑。他說：「我們倒想好好問問布朗特先生，這十二年來您在海外做了什麼？我們非常清楚我們在國內做了什麼。」

一九六五年德國聯邦議院選舉，布朗特敗給「德國戰後經濟奇蹟的創始人路德維希・艾哈德（Ludwig Erhard）。此結果讓他對聯邦政治感到灰心，不願再競選總理。當時，他是德國年輕世代政治圈中最受爭議的人物。最令他痛苦的是，他因爲自己的過去備受侮辱，昔日納粹分子的過去卻很快被原諒。保守派媒體不時重拾布朗特的過去，細細數落他。艾哈德一九九六年卸任後，基辛格（基督教民主聯盟，CDU）被選爲聯邦總理，與社民黨組成聯合政府。於是威利・布朗特卸下柏林市長職務，接任外交部長暨聯邦副總理。

一九六八年，我在布宜諾斯艾利斯聖馬丁劇院大廳的大理石地板上，腳步微微遲疑趨前，將阿根廷盲人詩人波赫士（Jorge Luis Borges）引見給威利・布朗特。這次與布朗特的會面也被當時在場的阿根廷電台錄了下來。這次相遇對我來說算是悲喜攙半的經歷，卻未降低我對這位偉大德國政治家的情感連結，反而更形強烈，並為我初踏入所謂外交、政治、文化這個「大世界」的菜鳥時期指點了一個依循方向。

一九六九年德國聯邦議院選舉，布朗特與德國自由民主黨（FDP）組成聯合政府，社會自由聯盟僅取得十二個內閣席的多數。布朗特成爲德意志聯邦共和國史上第四任聯邦總理。聯邦副總理暨外交部長則由自民黨的華特・謝爾（Walter Scheel）接任。

布朗特在位期間的施政主軸不脫「我們要爭取更多民主」及「新東進政策」兩大方針，在「以接近促轉變」（艾貢・巴爾）與「小步前進政策」的口號下，冷戰的緊繃氣氛逐漸緩和，柏林圍牆也變得不是那麼銅牆鐵壁。即便初期必定存在某種程度的遲疑（包括美國尼克森總統、基辛格、法國總統喬治・龐畢度〔Georges Pompidou〕），但絕大多數西方強國都支持該政策。

一九七〇年十二月七日，布朗特在華沙猶太區一九四三年起義紀念碑前的「華沙之跪」（Kniefall von Warschau）受到國際矚目，那一跪也象徵性地導入緩和政策，啓動後續與波蘭、蘇聯簽訂東進協議的契機，包括與德意志民主共和國（DDR，東德）簽訂基礎條約等。一九七〇年，布朗特與東德國務院主席維利・施托夫（Willi Stoph）在埃爾富特（Erfurt）首度召開兩德高峰會議。

一九七二年布朗特贏得德國聯邦議院選舉，創下政治生涯的最高峰。然而艾貢・巴爾等當代觀察家一致認爲，這是「他政治生涯的最高峰，同時也是下坡的轉折點」。

威利・布朗特，身分認同的指標性人物。
（Bundesarchiv B 145 Bild-F042104-0016 / photographer: Ulrich Wienke）

布朗特政治疲勞現象也是來自於對第二任執政的期望過高。

布朗特因紀堯姆間諜案（Guillaume-Affäre）下台，在德國投下震撼彈，震驚大眾。但他最核心的幕僚之中出現東德間諜，應該只是他下台的導火線。眞正原因應該是石油危機和隨之而來的經濟衰退，以及公共事業服務業嚴重罷工後，公共事業、運輸與交通工會（ÖTV）決定調高工資的協議。這兩項因素壓縮了布朗特的改革空間，也讓他承受莫大的精神壓力。

終於，布朗特於一九七四年五月六日親筆寫下一封信宣告下台，導火線是東德間諜君特・紀堯姆（Günter Guillaume）身分曝光；他擔任黨務負責人，是布朗特重要核心幕僚之一。雖然紀堯姆被外界懷疑從事間諜工作已超過一年，但他仍待在布朗特身邊。布朗特堅信，紀堯姆被懷疑是間諜是因爲其東德的背景，而忽略事件的嚴重性，也降低對此事的警覺。

這段時間，布朗特遭政治對手無情的毀謗攻擊，根本無力招架即將到來的選戰。這時又遭爆料，這位即將卸任的總理對女性毫無抵抗能力，這項弱點更讓他陷入窘境。

下台後，他被爆料與多名女性發生性醜聞，還有酗酒問題。德國聯邦憲法保衛局和情報局內部懷疑，布朗特可能是因爲這些事件被勒索。下一任聯邦總理由當時的財務部長赫爾穆特・施密特（Helmut Schmidt）接任，布朗特則留任社民黨主席。

一九七八年十一月十五日，布朗特心肌梗塞，暫時無法繼續當時的職務。一九七九年七月七日，布朗特和奧地利總理布魯諾・克萊斯基與巴勒斯坦解放組織（PLO）領導人亞西爾・

阿拉法特（Jassir Arafat）在維也納交流。一九八四年十月十五日，布朗特前往古巴與卡斯楚總統會面。同年，布朗特也在北京、莫斯科與鄧小平、戈巴契夫（Michail Gorbatschow）見面。一九八五年九月十九日，他前往東柏林，與德意志民主共和國最高領導人洪內克（Erich Honecker）進行會談。

一九八七年三月二十三日，布朗特也卸下社民黨黨主席的職位。然而，在一九八七年六月十四日那場特殊的黨代表大會上，他被推選爲終身榮譽黨主席。黨主席則由漢斯－尤亨・佛格（Hans-Jochen Vogel）接任。一九九〇年十二月二十日第一次全德聯邦議會，由布朗特以一九八三年暨八七年榮譽黨主席的身分主持開幕式。在那之前幾週，即一九九〇年十一月九日，布朗特與他從伊拉克總統哈珊（Saddam Hussein）手下成功搶救出來的一百九十四名人質返回德國。

一九九一年十月四日，布朗特被診斷出腸內腫瘤，於十月十日開刀切除。一九九二年五月十日，他再度被送往科隆大學醫院，五月二十二日二次動手術。但手術進行十分鐘後即中斷：癌症復發，且癌細胞已嚴重擴散到其他器官。五月三十日，布朗特出院，在妻子的陪同下回到溫克爾的私宅，直到辭世沒再離開過。同年九月二十日發生了一件憾事：當日戈巴契夫突然前來探視布朗特，按下門口的對講機後報上自己的名字「戈巴契夫」，布朗特的妻子以爲是惡作劇，拒絕讓他進門。她不相信戈巴契夫眞會出現在她家門口。從一九九二年八月開始，布朗特的健康狀態每況愈下，於同年十月八日下午四點三十五分辭世。

我這麼鉅細靡遺地介紹威利・布朗特的生平經歷，因為他是我唯一敬佩的戰後德國政治家，我尊他為偶像。他讓我產生情感連結，無論是政治上或人性上，我感覺和他很貼近。如我之前所述，對於一九五〇年代無根、無方向感，只會逃避的年輕人而言，他是少數讓人認同，讓年輕人在茫茫大海中找到的燈塔。

在工作上，我不可能為了某一黨派投入政治性活動，但一九七二年我曾和同事在上班時間跑到法蘭克福大街上，抗議基督教民主聯盟對威利・布朗特提出不信任投票的提議。布朗特的政治理念「我們要爭取更多民主」、「以接近促轉變」及「小步前進政策」奠定我最堅實的基礎，也確定我在職場上努力的方向。

一九六八年我第一次見到布朗特，是在布宜諾斯艾利斯由我籌辦的德國書展上，當時他以外交部長身分代表基辛格政府出席，並接見阿根廷偉大的盲人作家波赫士。和布朗特第一次見面（這一段詳述於《憤怒書塵》，頁九至十），因為布朗特酒精作祟，進行得不怎麼順利。他沒聽懂我與他攀談的用意，而我缺乏與當代偉大人物相處的經驗，也不知道該如何化解尷尬。布朗特當時的表現確實有點狼狽，但那畢竟是他享受白蘭地的時光，況且他在緊鄰拉普拉塔河（Rio de la Plata）市區四十二度濕熱高溫的環境下工作了一整天。

還好這起事件並沒有被我過度解讀，或讓我感覺被拒絕，反而拉近我和布朗特的情感連結。偉大的政治家在他無助的時候出現在我面前，突然間感覺他和普通人一樣很容易親近。我不僅化解自己當時的尷尬，但也學會以後面對大人物時，不要只會發呆、手腳僵硬，而應以平常心和他們相處。雖然帶著尊敬，也不能太卑躬屈膝。

當時的我受過非常德式的權威教育，正打算逃離一九五〇年代被納粹精神荼毒至深的紀律社會，在成形中的成就型社會搶得一席之地，這個經驗對我而言等於往前跨了一大步。

後來我只再見過布朗特一次。一九八〇年法蘭克福書展舉辦「非洲年」，他前來為某一場展覽開幕。然而，我始終跟隨他起起伏伏的人生，絕不會漏掉關於他的媒體報導。他一直是我政治上的偶像。在我從事公共事務期間，總是努力以他為榜樣，向他看齊。

胡立歐．佛羅倫希歐．寇塔查

（Julio Florencio Cortázar，當代人物：一九一四年八月二十六日生於布魯塞爾〔Brüssel〕，一九八四年八月二十六日逝於巴黎。阿根廷作家及知識分子）

除了波赫士之外，寇塔查是拉丁美洲文學最重要的作家。由於他的作品試探現實與科幻之間的界線，也經常被聯想成超現實主義。然而，根據寇塔查自己的說法，他使用純粹的順勢療法調配超現實元素，以超脫日常生活現實。

寇塔查的父親是阿根廷人，在阿根廷駐布魯塞爾大使館（寇塔查出生時被德國占領）擔任貿易專員。一九一六年，寇塔查一家搬到瑞士。一次世界大戰結束後、寇塔查四歲時，他們返回布宜諾斯艾利斯。寇塔查在布宜諾斯艾利斯大學讀書，一九三七年在布宜諾斯艾利斯省的一個小鎮當老師。一九四〇年中葉成爲大學教授，任教於門多薩省（Mendoza）的庫約（Cuyo）大學。

寇塔查因不滿裴隆（Juan Perón）政權，一九五一年移民法國，並在法國定居直至去世。一九五二年起，他在聯合國教育科學暨文化組織（UNESCO）擔任翻譯員，將曾《魯賓遜流浪記》（*Robinson Crusoe*）及愛倫坡（Edgar Allan Poes）的小說翻譯成西班牙文，因此他的原創作品中依稀看得見愛倫坡的影子。晚期，他的政治立場改變，轉而積極投入拉丁美洲左派組織並支持古巴革命。一九七九年十月，他前往尼加拉瓜，支持桑定諾政府。他的文字經常用來進行掃盲運動的拼字大賽。但他積極投入政治活動的結果造成文字創作作品減少。一九八一年六月二十四日，法國密特朗下令授予他法國國籍。

寇塔查擅長寫短篇小說，篇篇精采絕倫，特別是奇幻文風類，如《野蠻》（*Bestiario*, 1951）和《遊戲結束》（*Final de Juego*, 1956）。他也有長篇小說作品，其中幾部在二十世紀西語文學中扮演極重要角色，如一九七〇年代引起拉丁美洲文學風潮的《天堂與地獄》（*Rayuela*, 1963）和《曼努埃爾的紀念冊》（*Libro de Manuel*, 1973）。

寇塔查的文字最引人入勝之處在於迷人又無禮的幽默感，令人印象深刻的是詩句般運用新式語言，短篇小說中的陰森氣氛謹慎營造但又恰如其分。

與寇塔查會談。左爲來自智利的費德力克 · 蕭伏（Federico Schopf），右爲來自德國奧芬堡（Offenburg）的盧貝特 · 史密特（Ruppert Schmidt），他安排我們與人在巴黎的寇塔查見面。（照片由衛浩世提供）

透過奧芬堡書商盧貝特‧史密特，我和寇塔查取得聯繫。短暫猶豫後，他同意以拉丁美洲作家代表的身分，前來參加一九七六年法蘭克福書展首度籌辦的主題館活動。

這時期的寇塔查備受矚目，不僅因其文學成就，更因其政治言論。他才剛公開嚴厲批評並譴責阿根廷軍人政府。因為他的緣故，阿根廷大使三度前來法蘭克福辦公室拜訪，希望我不要邀請這位作家。最後一次離開我的辦公室時，他怒氣沖沖地威脅我，要我自己承擔後果。隨後，我位於法蘭克福艾彌爾－克拉街（Emil-Claar Str.）的公寓被人闖入，大肆破壞，但絕不是竊盜闖空門。隔天，我車子的四個輪胎全被刺破，一名任職於阿根廷《克拉林》（*Clarín*）報社的記者之前曾透過君特・羅倫茲（Günter W. Lorenz）提醒我，阿根廷內政部派了一支突擊隊來對付我。

＊達賴喇嘛（法名爲丹增嘉措，當代人物：一九三五年七月六日出生於青海安多區〔藏語「達澤」〕，原俗名「拉莫頓珠」）

達澤是西藏東北安多省的小村莊，達賴喇嘛爲家中次子，他的父親名祁卻才仁，母親名德吉才仁。他的母親共生了十六個孩子，但只有七個存活下來。達賴喇嘛約兩歲時，四位僧侶以禪觀、神諭及其他預兆確認他是一九三三年去世的第十三世達賴喇嘛的轉世靈童。聽說這個小幼童能一眼認出喬裝成奴僕打扮的高僧喇嘛就是「色拉寺的喇嘛」，並且正確無誤地認出十三世達賴喇嘛的私人用品。

經過和省方約兩年的交涉並給付省長大批贖金後，達賴喇嘛（拉莫頓珠）約四歲時來到拉薩。一九四〇年二月二十二日農曆年慶典期間，在拉薩布達拉宮經剃度儀式正式登基爲第十四世達賴喇嘛，法名爲「吉尊降白阿旺洛桑益喜丹增嘉措師松旺覺聰巴密白德青布」，西藏人一般稱之爲 Yeshen Norbu（如意寶）。一九四六年至一九五〇年，奧地利登山運動員、探險家海因里希・哈勒（Heinrich Harrer）在拉薩停留，一九四八年與年輕的達賴喇嘛結識成爲朋友。他製作與達賴喇嘛相關的影片、拍照，並以西方的方式教授達賴喇嘛英文並傳授地理知識。

一九五〇年十一月十七日，世界統治勢力蔓延到西藏，在赤色中國威脅下，眼見未來情勢危險，當時年僅十五歲的年輕達賴喇嘛必須立刻隨同執政的核心幕僚暫赴緊鄰印度邊界的亞東小鎮避難。哈勒陪同前往，直至一九五一年三月才返回歐洲。依據與中國簽訂的協議，同年夏天，達賴喇嘛回到拉薩，重續其宗教精神領袖的使命。

與中共簽訂協議

一九五一年五月二十三日，西藏政府代表團在北京簽訂所謂「和平解放西藏的十七項協議」，保障西藏內政自治及宗教自由等，但對外政治、貿易及軍事等則由中國爲其代表。同年十月二十四日，西藏人民代表大會結束後，駐西藏官員致電毛澤東及中共政府，表示達賴喇嘛已同意該協議。但達賴喇嘛後來澄清，他同意簽訂此協議，是爲了保護其民族和國家「免於毀滅」。簽訂協議之前，中國人民解放軍進駐西藏北部的昌都。

一九五四年，達賴喇嘛不顧色拉寺、哲蚌寺和噶丹寺眾喇嘛及信眾約五百人的反對，應中共政府邀請前往北京。保守派的西藏貴族和教徒擔心，達賴喇嘛到了北京可能會受影響，損害他們的利益。一九五四年九月，達賴喇嘛被選爲全國人大常委會副委員長。達賴喇嘛致贈禮物

一九八二年，達賴喇嘛與特利康特（Trikont）出版社的羅特根（Röttgen）先生蒞臨法蘭克福書展。（照片由衛浩世提供）

給毛澤東，還送了一首讚美詩給毛澤東，詩中將毛澤東比喻為梵天。中國政府出資為十四世達賴喇嘛興建羅布林卡新宮。一九五六年新宮完工。同年冬天，達賴喇嘛繼續參觀中國其他城市，印象深刻。隔年他在北京慶祝西藏的新年，並藉此機會宴請毛澤東、周恩來、劉少奇和朱德。一九五八年四月西藏自治區籌備委員會成立，第十四世達賴喇嘛被推選為主任委員。

逃亡與流亡

一九五九年三月十七日，西藏群起反抗中共政府期間，達賴喇嘛逃亡至印度達蘭沙拉（Dharamsala），至今仍

一九八二年，與達賴喇嘛會談。（照片由衛浩世提供）

駐錫當地。在他離開拉薩之前，他和色拉寺、哲蚌寺和噶丹寺眾喇嘛辯經、通過大考，在大昭寺以優異的成績獲「拉讓巴格西」，即佛教神學的博士學位。流亡前，他曾請示過神諭，得到的預示是必須離開西藏。

除了政治活動外，達賴喇嘛也積極致力與人進行溫和、有建設性且感同身受的對話，無論是宗教或一般性議題。他在世界各地演說，發表文章，以有別於簡單生活方式的藏傳佛教觀點，闡述生活實踐、人類意識天性及其他生存問題。達賴喇嘛和教宗也是好友，他數度親臨梵諦岡，與教宗若望保祿二世（Papst Johannes Paul II）情誼深厚。

我已不記得當時我和達賴那半小時會談的細節了，但主要話題應該不離法蘭克福書展。體型不高的達賴喇嘛給我的親民印象仍歷歷在目，我試圖找出他身上散發柔和的權力光芒從何而來。他臉上的柔和線條和溫和語調，雖然沒有軍隊，卻能安撫中國數億人口的心靈。他坐在那裡，凝神傾聽我向他介紹法蘭克福書展，我很少遇到那麼專注傾聽的聽眾，來找我的大部分訪客都只想說，或者偶爾基於禮貌聽我說。或許我可以稱達賴喇嘛為「強而有力的傾聽者」嗎？

我曾經感受力量和權力散發類似的光芒。對於這種光芒，我有極高的敏感度，但通常那只會在完全不同的情況下感受到，例如當我置身於史上權力源頭的偉大城市，像墨西哥市的索卡洛（Zocalo）廣場或莫斯科的紅場。

馬克思・佛里胥

（Max Frisch，當代人物：一九一一年五月十五日生於蘇黎世，一九九一年四月四日逝於蘇黎世。瑞士偉大作家和建築家）

馬克思・佛里胥的舞台劇《彼得曼和縱火犯》（*Biedermann und die Brandstifter*）或《安朵拉》（*Andorra*），以及三本小說《史蒂勒》（*Stiller*）、《能幹的法貝爾》（*Homo faber*）和《我的名字叫甘特拜恩》（*Mein Name sei Gantenbein*），讓他成為瑞士最偉大的作家，作品也選入學校課文。除此之外，他還發表廣播劇、短篇小說、散文和兩本文學性質的日記（記載一九四六到一九四九和一九六六到一九七二）。

最近，《第三本日記草稿》（*Entwürfe zu einem dritten Tagebuch*）出版了。佛里胥感受到作爲一般人和藝術家之間的衝突，長期處於不知該選擇哪一種生活方式的不確定性中。於是他決定先中斷日耳曼文學學業和第一份文學性工作，重讀建築，後來擔任建築師數年。直到第一本小說《史蒂勒》聲名大噪後，他決定作家就是他未來的身分。爲了專心寫作，他不惜離開家庭。佛里胥作品的主軸大多探討自己與自己的紛爭，作品中凸顯的問題都是後現代人類面臨的典型問題：自我身分的探索和認同，特別是與他人眼中自我形象的認同結合、自我認同的建立、兩性角色和其瓦解，以及語言究竟可以表達什麼等問題。在他深具文學風格、結合虛幻元素的自傳體日記中，佛里胥找到特別符合自己風格的文學形態，他也利用這種方式呈現他的旅遊生活。他在多年旅居國外、返回瑞士後，開始以批判的角度檢視祖國。

一九五〇年，剛成立的蘇坎出版社發行了他的《日記：一九四六到一九四九》（*Tagesbuch 1946-1949*），那是集結旅遊雜記、自傳體觀察、政治和文學理論小品及文學手稿的作品。這些文學手稿中，已經預告佛里胥未來十年創作劇本、小說作品等的靈感。書評家一致認爲，這本書爲文學性日記作品注入新生命，也推崇作者與「歐洲水準」接軌。一直到一九五八年這本書重新改版發行，其經濟效益才顯現出來。

我與馬克思・佛里胥在中國攤位上合影。（照片由衛浩世提供）

我們的童年是和佛里胥一起成長的，他的作品就是學校的課文。他的作品中，我（一九六一）自己開始閱讀的第一本書是《日記：一九四六到一九四九》，他透過殘破的戰後德國描述他的旅途印象。隨後我在一九六二年讀了《安朵拉》，一九六五年讀《彼得曼和縱火犯》，再來是《史蒂勒》，最後在一九八三年讀了《能幹的法貝爾》。

一九七六年，佛里胥獲頒德國書業和平獎時，我首次在法蘭克福書展上與他相遇。當時我感覺他是個相當封閉的人，後來我閱讀了他晚年的作品《蒙陶克情人》（*Montauk*），我對他的印象只剩下「悶悶不樂」，甚至幾近厭倦暮年。德國知名文評馬塞爾・賴希—拉尼茲奇

（Marcel Reich-Ranicki）評論這本書是「他最私密、最溫柔、最謙虛的作品，但或許因為如此，也是他獨特的作品」。

我和拉丁美洲裔的太太在美國分手後，我在美國籌備書展，和米內特・凡克羅斯克（Minette von Krosigk）開始交往。我們兩人都有點被佛里胥晚年對雅莉絲・洛克－卡雷（Alice Locke-Carey）的愛情啟發。在《蒙陶克情人》小說中，雅莉絲・洛克－卡雷化身為琳恩（Lynn）。某個空閒的週末，我們倆來到蒙陶克踏青，想在這裡感受佛里胥的愛情。一九八二年聖誕夜，他邀請我們到他紐約的住處，與他共度聖誕夜。當時的賓客中有一位大鬍子男士，名字我已記不得，在座還有雅莉絲，佛里胥的蒙陶克情人。

然而，當天晚上一點聖誕節氣氛也沒有。聚會上，佛里胥和愛人最後咆哮爭吵，我們三位訪客只能目瞪口呆，眼神隨著他們一來一往爭論游移著，默默地、蜷曲在一旁參與。那天晚上的餐聚在雅莉絲甩上門離開的那一刻結束。

羅伯特・楊克

（Robert [Bob] Jungk，一九一三年五月十一日生於柏林，一九九四年七月四日逝於薩爾茲堡〔Salzburg〕。本名爲羅伯特・包姆〔Robert Baum〕，評論家、記者及早期所謂的「未來研究家」）

書展上的「歐威爾（Orwell）主題：一九八四」是我最後一次試圖以批判的角度挑戰新式數位溝通科技。這個主題雖然讓這一系列活動宣告失敗，卻也讓我獲得一位偉大人物的友誼。

我認識楊克好幾年了，因為他是一位非常熱中書展活動的觀展人。身為讀者，他的足跡遍布書展各角落，蒐集數百家出版社送給他的書。他常把這些書堆放在我辦公室前面的小房間，每天參展時間結束再把書拖回飯店。

楊克的父親大衛・包姆（David Baum）是戲劇顧問、演員和導演（藝名爲馬克斯・楊克〔Max Jungk〕，1872-1937），母親是莎拉・布拉佛（Sara Bravo，藝名爲愛麗・布蘭登〔Elli Branden〕）。羅伯特・楊克就讀西柏林區的夢森（Mommsen）高中時，參加在德猶太人的少年活動，曾是非常親共產黨支系（KPO）的社會主義學生聯盟（SSB）成員，並加入國際勞工協助組織（IAH）。

一九三二年高中畢業後，他在柏林大學主修哲學，並參加由哈洛・舒茲－波伊森（Harro Schulze-Boysen）成立的反納粹「文化」聯盟。他在國會縱火案隔天被捕，於一九三三年五月流亡巴黎。之後在巴黎索邦大學（Sorbonne）就讀，畢業後在法國和西班牙從事電影工作，並爲流

我與羅伯特・楊克攝於法蘭克福。（照片由衛浩世提供）

亡國外的德國人進行德語新聞服務的工作。一九三七年起旅居布拉格。

在那之前，楊克與「意見紛歧」的政治流亡組織之間來往並不熱絡，但在布拉格，他卻與以奧托・費尼謝爾（Otto Fenichel）精神分析學家爲主、崇拜馬克思主義的流亡精神分析學家組織「聯絡密切」，因而接觸到精神分析學家賴希（Wilhelm Reich）的著作《法西斯主義群眾心理學》（*Massenpsychologie des Faschismus*）。他甚爲崇拜，於是著手書寫一本「有關大帝國瓦解的心理因素」的歷史巨作，作爲博士論文。但他的博士指導老師卡爾・麥爾（Karl Meyer）建議他打消這個念頭，楊克因此暫別學術生活。一九三九至四五年間，他在蘇黎世以各種不同的筆名幫瑞士各家日報和週刊撰寫文章，其中包括以Ｆ・Ｌ・筆名爲《世界週刊》（*Weltwoch*）工作。

一九四五年，他前往巴黎、華盛頓（D.C.）和洛杉磯，幫瑞士、德國、荷蘭和法國刊物採訪。一九五七年，他和太太羅絲（Ruth）遷居奧地利，一開始先住維也納，一九七〇年移居薩爾茲堡。

一九五二年，他的第一個作品《未來已經開始》（*Die Zukunft hat schon begonnen*）問世，主要探討人類未來的問題。

楊克算是國際環保和和平運動的先驅者，他發明了「未來工廠」的概念，並於一九八五年成立「未來問題探討國際圖書館／羅伯特・楊克基金會」。自一九六四年開始，他就是「新世界模式」（Modelle für eine neue Welt）叢書的共同發行人。同年他在維也納成立了「未來問題探討機構」，該機構的另一名成員爲愛恩斯特・伏羅里安・溫特（Ernst Florian Winter）。一九七七年，楊克在《核能國家》（*Atomstaat*）這本書中創造了「核能國家」的概念。一九八〇年起，楊克開始積極參與和平運動。一九八三年「炎熱的秋天」，他參加了在慕特朗恩（Mutlangen）美軍基地舉辦的靜坐示威，也曾是波昂皇家花園大遊行的發言人。

一九六〇年，他初次在復活節遊行結束的集會上發表反核言論。一九六二年，他再度呼應一九六〇年復活節傳單上的標題（「請相信您個人的力量！」），提出：「誰可以阻止第三次世

一九八〇年，我與羅伯特・楊克合影。（照片由衛浩世提供）

界大戰？你，就是你！利用你今日在這裡的機會，現在就捍衛你家人的生命和自由！加入復活節遊行隊伍，反對任何國家的核武！」

一九八六年，楊克獲頒「正確生活方式獎」（Right Livelihood Award），一九九二年，他代表奧地利綠黨參選奧地利聯邦總統，得票率達五・七%。

羅伯特・楊克於一九九四年七月十四日辭世，身後安息於薩爾茲堡猶太墓園。

「楊克公民投入奉獻獎」（Jungk-Preis für Bürgerengagement）自一九九一年起，每兩年頒給對未來有貢獻的專案和創意，期能以社會責任和集體爲導向的活動持續提升德國北萊茵－威斯特法倫

（Nordrhein-Westfalen）城市與小鎮居民的生活品質。

柏林威馬斯村（Wilmersdorf）及克雷費爾德（Krefeld）各有一所綜合高中以他命名。

他的作品

《未來已經開始：美國的全能和無能》（*Die Zukunft hat schon begonnen. Amerikas Allmacht und Ohnmacht*）。斯圖加特：海內（Heyne）出版社，一九五二。

《去人性化：人類文明的危險性》（*Entmenschlichung, Gefahr unserer Zivilisation*）。伯恩（Bern）／斯圖加特：高德曼（Goldmann）出版社，一九五二。

《比一千個太陽還亮：核能研究家的命運》（*Heller als tausend Sonnen. Das Schicksal der Atomforscher*）。斯圖加特：一九五六。

《灰燼的光芒：重生的故事》（*Strahlen aus der Asche. Geschichte einer Wiedergeburt*）。伯恩：一九五九。

《巨型機器：前往另一個世界》（*Die große Maschine. Auf dem Weg in eine andere Welt*）。慕尼黑：海內出版社，一九六六。

《從盲到知的進步》（*Vom blinden zum wissenden Fortschritt*）。埃森（Essen）：一九六九。

《新武器的擴張》（*Eskalation der neuen Waffen*）。斯圖加特：一九六九。

《運用核子能量》（*Griff nach dem Atom*）。斯圖加特：一九七〇。

《世紀人：新社會工廠的報告》（*Der Jahrtausendmensch. Bericht aus den Werkstätten der neuen Gesellschaft*）。慕尼黑：一九七三。

《人性革命總結：與亞德伯特・萊福的對話》（*Plädoyer für eine humane Revolution. Ein Gespräch mit Adelbert Reif*）。蘇黎世：一九七五。

《核能國家：進步到無人性化》（*Der Atomstaat. Vom Fortschritt in die Unmenschlichkeit*）。慕尼黑：金德勒（Kindler）出版社，一九七七。

《世界六百位重要人物偉大的一生和成就》（*Die Großen - Leben und Leistung der sechshundert bedeutendsten Persönlichkeiten unserer Welt*）。蘇黎世：庫特・法斯曼（Kurt Fassmann）發行，馬克斯・比爾（Max Bill）、凡迪特福特（Hoimar von Ditfurth）及金德勒（Kindler）出版社協助，一九七七。

《未來工廠。以奇幻對抗一成不變和聽天由命》（*Zukunftswerkstätten. Mit Phantasie gegen Routine und Resignation*）。羅伯特・楊克和諾伯特・R・慕勒特（Norbert R. Müllert）合著。漢堡：高德曼出版社，一九八一。

《人類：危害與未來》（*Der Mensch. Gefährdung und Zukunft*）。慕尼黑／歐芬巴賀（Offenbach）：一九八二。

《人類生活：反抗無可承受》（*Menschenleben. Der Aufstand gegen das Unerträgliche*）。慕尼黑：一

九八三。

《水能穿石：關於當代急迫問題的爭議文獻》（*Und Wasser bricht Stein. Streitbare Beiträge zu drängenden Fragen der Zeit*）。弗萊堡（Freiburg）：一九八六。

《只要星空，不要毒雲或虛構和平》（*Sternenhimmel statt Giftwolke oder den Frieden erfinden*）。蘇黎世：一九八七。

《確切的鼓勵》（*Glaubhafte Ermutigung*），演講稿。歐登堡（Oldenburg）：一九八八。

《從外面看德國：非法時代見證人的觀察》（*Deutschland von außen. Beobachtungen eines illegalen Zeitzeugen*），慕尼黑：一九九〇。

《恐懼與希望之間的未來：政治幻想的總結》（*Zukunft zwischen Angst und Hoffnung. Ein Plädoyer für die politische Phantasie*）。慕尼黑：一九九〇。

《儘管如此：爲未來而活》（*Trotzdem. Mein Leben für die Zukunft*）。慕尼黑：一九九三。

羅伯特・楊克在他最後一本書《儘管如此》，也是描述他一生的自傳中提及，參加法蘭克福書展時一段有趣的經驗：「在其他書展上總是聽見人們抱怨，老說這一切太耗費精力、過於膚淺、太過混亂、太花錢，鐵定是他們最後一次參加『這個大馬戲團』等等，但法蘭克福書展很不一樣，我喜愛法蘭克福會場上洋溢著此起彼落打招呼的訪客、簡短的談話、匆匆的小聚、輕率的約定、忙碌的相遇、建立新人脈、重溫舊人脈……」

他似乎也把我包含在這速食的愛裡，因為之後他寫道：「來自世界各地的賓客齊聚於備受尊敬、也為眾人愛戴的書展主席彼得・衛浩世家裡……」

我總愛回想和羅伯特・楊克在薩爾茲堡河邊草地上散步的情景，我們當時在「一點也不倉促的對談」中討論生活中的社會問題。

郝明義

（當代人物：一九五六年生於韓國釜山〔Pusan〕，台灣出版業者）

郝明義的父母來自中國，十八歲以前就讀韓國釜山的華僑學校，接受依循孔子理念的中國傳統教育。郝明義幼年時罹患小兒麻痺，不良於行，終生只能以輪椅代步。

一九七八年，他從臺灣大學國際貿易系畢業。一九七九年至八七年先後任職於三家台灣小型出版社（長橋出版社、《2001月刊》和《生產力月刊》）。一九八八年就任時報文化出版公司總經理。在八年任內將發行書量提高六倍，營業額增加五倍，爲公司日後股票上市奠定穩固的基礎。他引進國際大師級作家來台，如米蘭・昆德拉（Milan Kundera）、伊塔羅・卡爾維諾（Italo Calvino），以及村上春樹（Haruki Murakami）。他們的作品備受台灣讀者青睞，造成轟動。

在郝明義的主導下，時報出版公司變成國際性出版社，後來又受台灣新聞局委託籌組代表團，遠赴法蘭克福書展參展。

這是我和郝明義的第一次見面，隨後我們成為莫逆之交，友誼延續至今。

當時郝明義在我法蘭克福書展的辦公室前，很有耐性地排隊等著和書展主席見面。由於求見訪客實在太多，只好以十五分鐘為限。在這段時間裡，我會以香檳接待訪客，傾聽他們的煩惱、抱怨，或純粹聽他們介紹來自陌生圖書世界的書籍。

我心想，郝明義第一次來訪是因為擔心法蘭克福書展可能會應中國要求不讓台灣參展。一九七五年，我和當時希望參加法蘭克福書展的北京政府簽約，表示中華人民共和國和所謂的中華民國都能來參展。北京在我們答應排除台灣參展的條件下才參展。我們當然希望爭取中國這個大國參加，那幾年福爾摩沙小島上只有一個宗教性質的小出版社以「中華民國」的名義前來參展，但法蘭克福書展不進行審查制度是我們一貫的堅持。於是我前往北京，希望與負責中國國家出口的「國際書店」達到兩岸普遍的共識。也就是說，法蘭克福書展的目錄不會列上兩個國家的名稱，兩國攤位上不要展示國旗。這項協議最終達成了，因為當時毛澤東還在世，而蔣中正剛過世，兩個國家各自主張其主權正當性，認為自己才是真正唯一的中國。而中共相信此舉可使分離出去的島國中華民國與中國再度結合。於是中華人民共和國放棄 People's Republic，而中華民國則放棄 Republik von China 的稱號。雙方在目錄中同列於 China 底下。這個方法延續了二十五年，雖然過程不見得全然順利，但整體而言還算相安無事。不時會有中國代表團員在台灣攤位看見有「中華民國」國旗飄揚的照片、書裡印有國旗照片，或在某標題下方看見ROC（Republic of China）字樣，忿忿地跑來投訴。於是我就得親臨台灣攤位，請他們將那本被指控的書擺到第二排去。他們當然二話不說照做了。但現在事情變得有些複雜，在郝明義出現之前，會場上沒有出現過台灣色彩那麼鮮明的「國家攤位」，只有零星幾家共租攤位的私人出版社。而現在郝明義帶來一個台灣新聞局或國家贊助的代表團，台灣這邊既不知道中國老大哥有何反應，也不知道法蘭克福書展領導階層會如何因應。

郝明義和我嚴肅地討論這件高度棘手的事情。法蘭克福書展的立場不會改變：法蘭克福書展沒有審查制度！我告訴他，我們目前的立場不會改變，必須等待中國反應後再來因應。

我已經不記得那一年書展上郝明義和我後續是否還有再見面，中國方面並未出現太激烈的反應。但我們倆就此相遇、相識了。郝明義的智慧、處理問題的冷靜，尤其是傾聽的方式都令我折服。之後每年，我們總是在世界各地籌畫的書展上相遇，像倫敦、紐約、巴黎等。無論在哪裡，他堅持一定邀我共進午餐或晚餐。

每次，他都會從輪椅上下來，坐到沙發或椅凳上，讓自己舒舒服服地靠在店家急忙拿來的幾個大抱枕裡頭，和我聊幾個鐘頭。我們已經好久不曾談論那個當初讓我們相遇的問題了。但他每次都說，這一次至少要給他幾個鐘頭的時間，不能像之前在法蘭克福那樣只分給他十五分鐘；他到現在偶爾還會拿這件事揶揄我。我們一開始是基於對彼此的好奇心，永遠有說不完的話題，有聽不盡的故事，彼此覺得對方的生活和想法很有趣、很刺激。男性友誼就在對彼此的深度好奇和高度欣賞下產生，超越了文化藩籬。我得以一窺深植於中國文化的思想和行為，而他也努力去瞭解我的西方觀點和立場，願意接受我部分的西方觀點，並將它們帶入台灣社會。許久以來，我們的話題不再侷限於公事，他想瞭解我怎麼組織我的書房或我一天的工作流程，我熱中撰寫的日記，還有我對家庭、孩子、宗教、人類、疾病及健康的看法，他全想知道。

二〇〇九年一月接近中國農曆年時，他寫給我一封「有關他曲折的靈魂」的長信，以及他相信該如何找到「平和的靈魂」。這封信讓我明白我所不瞭解的郝明義，以及他受中國哲學、宗教和文化影響之深，即便在這個現代社會，身為一個國際性出版業者，他仍擁有我們西方人完全無法理解的想法。

親愛的彼得：

正值中國農曆年之初，我想與你分享一些想法和新鮮事。

上星期我又完成了一本書，這是第六本了。這本書主要寫我對過去這十二年來我那曲折靈魂的悸動，以及如何找到平和、寧靜的靈魂的答案。這故事發生在去年十二月，說來話長，在此我就長話短說。

我與郝明義在新書座談會上對談。(照片由衛浩世提供)

接觸《金剛經》剛好已經滿二十年了，它讓我有勇氣和愛面對我在時報出版的工作。十二年前我離開時報，成立了我自己的大塊文化出版公司。同時也開始任職於臺灣商務印書館（中國超過一百年的老出版社，除了台北設有分館，上海和北京也有分公司）。這段時期，我發現自己個性上的缺點，我總是往前看，從不注意周遭的小事。這也是我離開時報的主要原因之一，因爲我想要有所改變。

我想要大步邁進，但也想當個「用心」的人。我不僅想當一個能善用望遠鏡的人，也想當操作顯微鏡的高手。我的星座是牡羊座，牡羊座的動作太快，我不必擔心自己動作太快，但我動作時必須小心謹愼。因此，我想拉緊牡羊身上的幾條繩索，套住牡羊，改變他的個性。

以這方面來說，對我而言，臺灣商務印書館是個很好的馴羊場所。一個擁有百年歷史的公司肯定有一大堆規範、工作方式和傳統，能讓我小心學習，拉住我的繩索。三年後，我離開這家公司，這個經驗對我產生巨大的影響力。現在，我變成了慢活的擁護者，這是我逆轉自己的第一個契機。

大約在我成立大塊文化出版公司的同一時期，台灣市場出現一個出版集團。他們宣稱，台灣需要大型出版集團的時間成熟了。許多人對於「出版集團的想法」趨之若鶩，他們也想創造這樣的出版王國。我常被問到，大塊文化何時會變成出版集團。我也承認，台灣確實有太多小出版社，是應該要有一、兩家所謂的出版集團了，但我不喜歡「只有大型出版集團才能存活」、小出版社沒未來可言的說法！當別人鼓吹在台灣催生出版集團的同時，我想要嘗試點完全不同的想法。我想讓大家知道，一家公司不一定非得擴大公司規模，同樣也能存活，未來幾年後仍能保有自己的特色。我希望大塊文化以正常速度成長，有意識地避免過度擴張。我重視的是「寧小不大」，這是我在牡羊身上拉住的第二條繩索。

那段時期，台灣的出版工業面臨許多打擊，沒有強而有力的出版協會機構，讓出版業者聚會，一起討論和面對未來可能出現的問題。

由於我並不熱中擴張公司規模，因此我開始籌畫出版業者集會，例如訂立從中國大陸進口

我們在台北一家茶坊聊天，郝明義不時得接聽來電。（照片由衛浩世提供）

簡體書籍的規範等，並常自願性地支援其他出版社的活動。我邀請台灣出版業者共同成立台灣書展基金會，爲了籌備這個負責台北國際書展的機構，我在它成立後的前三年花費了很多時間。除了這些活動，……，我也成立醫學事務相關的全民活動 www.ucareicare.net，以及全民發想活動「我們的希望地圖」www.hopemap.net（兩項活動都引起民眾熱烈響應）。

一如以往，我希望以公民的身分在我專業的領域和社會上實踐我自己，我的信念是：寧公不私。

這是我套住牡羊的第三條繩索，但如果缺少了第四條繩索，那麼先前所提的三條也無法發揮作用。

第四條繩索源自於《易經》和《金剛經》。《易經》說，萬物都有正負兩面，所謂禍福相倚。因此遇到壞事時，不必太驚慌，反之，好事臨頭，也無須太喜形於色。在接觸《金剛經》之前，我就懂得這個道理，但《金剛經》更堅定我對這個道理的透悟。《金剛經》不是宗教書籍，而是教我們如何駕馭我們的靈魂，也就是我們的「念頭」的書，那個會讓我們行好事、避壞事的「念頭」。

如果不想誤入歧途，最重要的是好好管理我們的想法。我們必須是我們「念頭」的主宰，而不是奴隸，這是《金剛經》的核心精神。

我非常尊崇《金剛經》，我學習其中的道理，來駕馭我自己的想法。於是我學會了等待，而不是庸庸碌碌跟在後面跑，這就是套在我身上的第四條繩索：我相信，我會有偉大的成就，但我寧可等待，而不想跟在它們的後面苦苦追趕。

過去十二年內，牡羊經過兩階段的馴服，第一階段是前八年或十年，我興高采烈地拉著我身上的四條繩索，事實上並不覺得是一種負擔。

但接下來台灣的經濟情況越來越艱困，我的公司，包括大塊文化、網路與書等也亟須組織結構重整。我無法再堅持「寧緩不急」、「寧小不大」、「寧待不求」這些信念。

因此，二〇〇六年底，正值公司十週年慶，我決定該是拋掉所有繩索的時候了。但經過這麼多年習慣被繩索套著，突然間我完全不知道該怎麼切斷這些繩索了。一切變成了惡夢！

我不斷嘗試，在掙扎兩年後，我終於解決掉身上的前三條繩索。現在我只要再往前跨一步，就海闊天空了。於是我出走台灣，搬到北京，我必須奮力跨大步，才能徹底擺脫繩索。遷居北京，以及成立一個橫跨台北、北京和紐約的出版社三角洲，應該可以讓我徹底擺脫一切束縛。但從我內心深處，我感覺，第四條繩索還在。我開始感到不安，難道我的掙扎，離開台灣的舉動全都是我「錯誤」和「誤判」的想法。如果當初我繼續「寧待不求」，儘管撐過二〇〇八年的經濟危機帶來的混亂，那結果會是如何？如果失去了對《金剛經》的信仰，又會如何？

我很高興，二〇〇八年十二月七日，我找到了答案，我發現，原來我錯誤解讀了《金剛經》。《金剛經》並沒有說要寧待不求，而是宜緩宜急、宜待宜求。

或許你會笑我，我花了那麼久的時間就找到這麼一個簡單的答案。沒錯，就是這樣。現在我很高興我找到了這個簡單的答案。如果要讓你更瞭解，可能要把我現在要寫的這本書全翻譯出來，書名叫作《一隻牡羊的金剛經筆記》。

自從找到了這個答案，我感覺一股平和、堅定的信念，我必須往前走，貫徹我的計畫。現在我想把我的計畫與你分享。

無論如何，我會繼續往前走，繼續探索中國的出版市場。同時間，我想在西方國家成立一家公司。

我賦予新公司三個目標：

首先，我要規畫一個空前絕後、引人入勝的語文計畫。中文熱肯定還會延燒好一段時間。我相信，只要善用我的專業知識和經驗，我能帶給全世界一個別出心裁的中國語文計畫。

其次，我想將一些重要文學和通俗文學作家的作品翻譯成英文，然後出版，包括兩岸的通俗文學作家。像余華這樣的中國作家會逐漸被西方世界接受，在這方面，我也想盡點心力。

最後，英美主流出版社沒興趣出版的一些非英語系作家的作品，我也想出版。很高興現在我簽下的兩本非英語系作品就是你的回憶錄。

另外還有一件新鮮事要和你分享，正巧是二〇〇八年歲末最後一天早上，幾乎是我手稿剛完成的同時，我接到一通台北打來的電話，是總統府辦公室打來的。馬英九總統問我是否願意擔任總統府國策顧問。如果這個邀約早來一個月，我一定不會接受，因爲當時我自己也很混亂。但此刻、就在我深信必須往前進的時刻，如果國家需要我，我願意盡我棉薄之力。經過數小時考慮後，我回電總統府，告知我願意接受馬總統的邀約。至少未來一年我還有一份工作，這就是我上次在電話上跟你暗示的「祕密」。所以說，現在你就是中華民國總統國策顧問的顧問了。

如之前所說：禍福相倚，吉凶相伴。我們可以用微笑期待未來。

附上我所有的祝福，農曆新年快樂！

明義

一個理性思考的西方人看到這樣的思考模式，不會以為這個人的想法太深奧難解了嗎？然而，這麼沉重的想法怎麼能在競爭如此激烈的台灣圖書市場上激盪出這麼正面的影響力和局面呢？我真得感到困惑又不安。

我很感謝這位親愛的台灣朋友願意與我分享他內在的靈魂生活，但難道這位成功又務實的台灣朋友實際上和我認識的他不同？或者這一次我又以我們西方人既有的刻板印象來看待他人／中國人？

他是個非常成功的人物，這位坐在輪椅上的朋友。

他在時報出版推出的《腦筋急轉彎》創下六百萬冊銷售佳績。此外，他還發行了蔡志忠、朱德庸、敖幼祥、幾米這些台灣作家的作品，後來在中國大陸也成了暢銷書。

這就是我的好友郝明義後續的成功實績，我以讚賞的眼光一路看著，但也不時為他擔心，怕他的成功隨時可能畫上句點。我承認也瞭解，在我們的世界裡，外導式的西式思考和行為模式是導向成功的關鍵，但郝明義身上顯現的是另一種思考和行為模式。尤其過去這幾年，看著他將觸角延伸到西方世界，我感到有點不安，他的方法適用於中國世界，但在我們這裡也管用嗎？

他經常詢問我的意見。對他而言，我代表著西方思想，他津津有味地傾聽我的想法，但最後總結合成他自己的結論，再依循此結論行事，也締造了無以倫比的成功。

一九九八年，我的書《憤怒書塵》於台灣發行；郝明義是第一個將這本書翻譯成外語（繁體中文）的出版人。一九九九年，他也將這本書帶到享譽盛名的北京商務印書館，以簡體中文發行。

緊接著，我的第二本自傳著作《集書人：法蘭克福書展前主席衛浩世二十五年任內的祕辛》於二〇〇八和〇九年在台灣和北京相繼出版。不僅如此，由於我的書沒有英文版，郝明義在紐約成立一家小出版社，二〇一〇年由專業翻譯家羅倫斯・蕭佛（Lawrence Schofer）翻譯成英文，正式發行，書名為 *Life before Letters* 和 *See You in Frankfurt*。

連我的《法蘭克福書展六百年風華》，他也發行了簡體和繁體中文版。

希爾瑪・霍夫曼

（Hilmar Hoffmann，當代人物：一九二五年生。德國法蘭克福文化部市議員，曾任歌德學院院長）

希爾瑪・霍夫曼在德國埃森福克望（Folkwang）藝術大學主修導演，畢業後從事助理導播工作。一九五一年，他成爲奧伯豪森（Oberhausen）社區大學最年輕的校長，並創辦西德文化電影節（後來改爲奧伯豪森國際電影短片節），成爲短片的國際交流平台，一九六二年德國著名的「奧伯豪森宣言」（Oberhausen Manifest）即在此宣讀。在此宣言中，「德國新電影」運動的主角（包括亞歷山大・克魯格〔Alexander Kluge〕、愛德嘉・萊茲〔Edgar Reitz〕及彼得・沙莫尼〔Peter Schamoni〕等德國新銳導演）高喊老電影已死。一九六五年起，他成爲奧伯豪森市社會暨文化部負責人，一九七〇至九〇年間，他成爲法蘭克福市文化部議員，負責文化相關自由團體的都市促進活動。一九七〇年代初，他在法蘭克福劇院發起一項共同決議模式，該模式推動的組織包括德國第一家地區電影院。他的重要政績還包括興建博物館（法蘭克福博物館岸）、城區圖書館、社會文化中心及市民住宅等。由於他政績和聲望卓著，政黨輪替後市政府由基督教民主聯盟（CDU）主導時，社民黨的他仍留任原本的職務。一九九三年至二〇〇一年間，他擔任歌德學院院長（慕尼黑）。

直到二〇一〇年八月二十五日，霍夫曼在法蘭克福對前來祝賀他八十五歲生日的賓客致謝，我才明白他對我影響至深。他以讚美詩般的這句話結束他的感謝詞：「烏托邦的時代就在當下，此刻！」

一九七〇年開始，我們同樣在法蘭克福工作，懷抱類似的目標：他希望實現「文化無所不在」，於是試圖將文化實現在電影（地區電影院）、戲劇、歌劇，尤其是在博物館和處處可以變成文化場所的地方；而我則在書展上致力於國際圖書交流。

過去我們沒什麼機會合作，況且我的前輩也不允許我這麼做（請參考一九七五年董事會主席收到的一封信「周邊文學活動與電影週」：這根本是我崇敬的友人希爾瑪．霍夫曼一時興起的文化管理的念頭（多可笑的念頭呀）。他若有知當會哈哈大笑。沒有人會專門為了這種「活動」來法蘭克福的……）

但我們一直對彼此有好感，也尊敬彼此。我們至少在法蘭克福一起實現了文學馬戲團，這個多年來結合讀者大眾與作家的書展，偶爾也成了政治論壇。

我們經常在展覽活動等各種正式場合相遇，偶爾也會在我私人的展覽派對、法蘭克福的義大利餐廳或我美因茲的自宅見面，我們倆都是國際事務處（Inter Nationes）的成員（偶爾還會互相投票給對方）。此外，在我擔任慕尼黑歌德學院圖書館顧問團會員的十九年間，他正好是歌德學院院長。他擔任讀者協會主席時，我們參與過相同的案子。籌備主辦國計畫時，雙方辦公室之間往來頻繁。

霍夫曼雖然在政治上仍有可議之處，也有人爆料他的行徑背後多少有虛榮的成分。但我始終覺得他是個可愛的人，在許多方面也是我的典範。五十歲的時候，我首度感覺老之將至，經常陷入憂鬱情緒中，我就是以霍夫曼為榜樣勉勵自己：他五十歲的時候不僅對生活充滿活力，每當我們因為職務關係意見不同、僵持不下時，他始終表現得非常強悍，是個值得我學習的大人物。

法蘭茲・卡夫卡

（Franz Kafka，一八八三年七月三日生於奧匈帝國時期的布拉格，一九二四年六月三日逝於基爾陵〔Kierling，屬現今奧地利克洛斯特新堡（Klosterneuburg）轄區〕。猶太裔德語作家）

他的主要作品除了三本長篇小說《審判》〔*Der Prozess*〕、《城堡》〔*Das Schloss*〕和《失蹤者》〔*Der Verschollene*〕，另有許多短篇小說。

卡夫卡大部分的作品，是他死後由他的作家好友馬克斯・勃羅德（Max Brod）違背他的遺言，替他整理遺稿後出版的。從此以後，卡夫卡的作品成爲世界文學公認的典範，對後世文學的影響多重又深遠。

戈勒格・薩姆沙（Gregor Samsa，〈變形記〉主人翁）—啊！不是，是K，不對，不對，重來：清晨，衛氏醒來，發現自己躺在床上，變成了面目可憎的幹部。

這是他想要的嗎？這是他的目標嗎？他想成為城堡的雇員嗎？這種對生命的感覺和他心之所想完全不同：放棄、遁逃—自由，無止境的自由，逃？逃開所有這個社會稱為責任的東西；逃，無止境的逃……？

毫無疑問，卡夫卡書中描寫的景象就是我們這一代對生命的感覺：懷著罪惡感，卻又不知所為何來。被一個黑色的超級威權，父母、師長、社會，壓制著，想要起而反抗，卻無果。卡夫卡是我少年時期最愛的作家，我沉浸在他書中的世界多年，在他的罪惡世界裡翻滾、呼吸，被束縛的情緒久久揮之不去。

就像我剛說的，那是一種對生命的感覺，在現實中尋找一種認同感，最後雖然找到了，曾以為的真實卻不是真實。我很快就發現這種逃避達不到目標，像卡夫卡那樣意志消沉和遁逃就只能走向死亡、終點。但我還年輕，我想活下去。我很早就知道必須尋找另一個出路：為什麼《城堡》裡的K只會按照守門人的指示，從沒想過直接走進門去？他為什麼讓別人來主導他的生命？我不想遙望父母親的背影，大喊「爸媽，我永遠愛你們」，然後從橋上縱身一跳。不知從何時起，我心裡湧起反抗的意志。可以改寫卡夫卡的書嗎？可以改編書中主人翁不幸的人生、讓故事有個快樂的結局嗎？

老愛扮演卡夫卡書中主角的我，最後總不免深陷在卡夫卡式的恐懼情緒中，但演到一半，我決定修正卡夫卡。就因為卡夫卡是偉大的作家，他善於表達他所屬年代的人對生命最真實的感受。然而他的生命理念已深植我心，這會是我與自己一生的抗爭，但也不時因陷入懷疑和厭惡自己的情緒而中斷。

我經歷過類似的感覺，當我被指派為德國圖書交易書商協會展覽股份有限公司的總經理及法蘭克福書展主席時，我意識到，此後我就成了某一系統的雇員和管理者，而這個系統是我打心底排斥的。在探索自由、追尋生命的絢麗和多樣化，以及團體共同價值的過程中，洋溢在對他人、不同社會和文化的好奇情緒中，我掉入這個令我懷疑的系統所設下的陷阱。從現在起，我得用它的標準安排、控制這個世界：他們並不期待我有獨立的作為，只希望我做好這個職務該做的事。他們之所以決定用我這個三十五歲的年輕人，是希望這個年輕人處理並解決掉十八歲學生造成的後果。

雅納多・歐非拉・雷納爾

（Arnaldo Orfilla Reynal，當代人物：一八九七年生於阿根廷拉普拉塔〔La Plata〕，一九九七年逝於墨西哥。阿根廷人，大學主修化學，爲拉丁美洲最重要的出版界人士）

歐非拉曾任墨西哥官方「經濟文化基金」（Fondo del Cultura Economica）出版社主席，其分社設於阿根廷。之後，他在墨西哥成立了席格羅二十一世（Siglo XXI）出版社。

一九七六年，在他的同事康賽普西翁・賽雅（Concepción Zea）介紹下，這位具有超凡魅力、墨西哥席格羅二十一世出版社的創辦人，邀請我參加他們在出版社樓頂舉辦的雞尾酒會。賽雅之前曾參加我舉辦的出版座談會。

歐非拉辭去經濟文化基金出版社主席的職務，因爲出版社審查單位想禁止他出版一本由美國社會學家奧斯卡・雷維斯（Oscar Lewis，伊利諾州）所寫的書《珊契茲的兒子們》（*Die Kinder*

雅納多・歐非拉・雷納爾（右二），一九八四年和席格羅二十一世出版社同事合影：左起依序是馬堤・索勒（Martí Soler）、康賽普西翁・賽雅和奧格妮雅・胡爾塔（Eugenia Huerta）。（照片由衛浩世提供）

von Sanchez）。他在書中訪談了墨西哥貧農珊契茲（Jesús Sanchez）和他四個孩子馬努埃爾（Manuel）、羅貝多（Roberto）、康蘇艾羅（Consuelo）和瑪塔（Marta）。一九六五年他成立席格羅二十一世出版社，這間出版社在很短的時間內成爲當代拉丁文學和政治領域最重要的出版社。

這本書因為沒有德文、西班牙文或英文翻譯版，所以我讀了奧斯陸帕克斯（Pax）出版社發行的挪威文版。

在這場值得紀念的聚會上，歐非拉還把我介紹給其他幾位賓客，包括古巴大師級作家亞勒喬・卡本提爾（Alejo Carpentier）、死於一九七三年皮諾切特軍事政變的智利阿葉德總統的遺孀，以及馬奎斯（Gabriel García Márquez）。與馬奎斯的相遇過程卻令我失望。

後來，歐非拉曾來我法蘭克福家裡作客，期間我和內人朵拉（Dora）邀請他同往萊茵高（Rheingau）地區一遊，盡情享用當地的特色白酒，席間把酒言歡。我非常欣賞敬重這位非常有個人特色的出版業者。他堅定地走自己的路，渾身上下散發沉著、清澈的光芒，在不確定性中給人安定的力量。

*安東尼・聖修伯里

（Antoine de Saint-Exupéry，全名爲安東尼・馬利・尚－巴堤斯特・羅傑・維孔特・德・聖修伯里〔Antoine Marie Jean-Baptiste Roger Vicomte de Saint-Exupéry〕，簡稱安東尼・聖修伯里，一九〇〇年六月二十九日生於法國里昂〔Lyon〕，一九四四年七月三十一日於馬賽〔Marseille〕里歐〔Riou〕小島附近失蹤。法國作家和飛行員）

安東尼・聖修伯里生前就是備受肯定和成功的作家，也曾是一次世界大戰後數十年最受歡迎的作家，但聖修伯里認爲自己不過是從事業餘寫作的飛行員。他童話般的小說《小王子》是全世界最暢銷的圖書之一，共計銷售超過八千萬冊。

安東尼・聖修伯里攝於一九四二年五月，加拿大蒙特婁。（照片來源：維基百科英文版）

少年時期閱讀安東尼・聖修伯里——

為了尋找自我認同和定位，我開始閱讀，就如同逃避年輕時期的存在，把自己丟到搭便車流浪旅程去追尋一樣，我也沉浸在文學中找尋答案。我並不是因為教育義務而讀，而是自己想讀。閱讀一本書的時候，沉湎在書裡，活在書裡。當我把書讀完，闔上書的那一刻，並不是只有我到書裡一遊，書中的故事也穿越了我、改變了我。

一九五六年，卡爾・勞赫（Karl Rauch）出版社發行聖修伯里的《風沙星辰》。這本裝訂精美、白色亞麻封面的版本，曾陪伴我走過戰爭大屠殺結束後的一九五〇年代末期。

受到大家喜愛的《小王子》的作者和創造者，出生於講求男人風範、鬥士精神和英雄主義的年代（「只有在戰爭中才能找到自己的存在價值」）。即便才剛戰敗不久，人們腦裡還殘留著納粹意識形態，不少德國的老師仍深陷在這種傳統觀念裡。也難怪當時許多我們這一代十五、六歲的孩子總愛跟在軍隊後頭，興高采烈地隨著鼓聲昂首闊步，在激昂軍歌的節奏中高聲唱和。

聖修伯里在《風沙星辰》的第一句話就寫道：「地球送給我們的自知比所有書籍還多，因為它抵抗我們。」就是他！就是他帶領我走進文學的世界，幫我逃開他書中支持的世界觀。

但聖修伯里不僅帶領我學會抗爭，走向文學，每當我翻閱下面節自他作品的語錄時，我發現我身上似乎還留有它們的影子，我竟然還亦步亦趨地跟著他。當時他就像是我的預言家，當然也預告了前一陣子我與沮喪、神經衰弱情緒之間的小掙扎。然而，現在這些文字對我來說似乎太羅曼蒂克了，它們屬於迷惘的年少歲月。

顯然地，完美並非無法再增一分，而是不能再少一分。

＊

這時候，我們發現彼此，我們一路並肩走來，有時拘謹地塵封於緘默之中，或偶爾交談幾句無關痛癢的話，直到遭遇了危險，人們開始尋找依靠的感覺，才發現原來我們彼此相屬。發現另一個人有意識存在著的喜悅寬大了我們的心，我們會心一笑，就像重獲自由的囚犯訝然發現大海的浩瀚無窮。

＊

我們無法預算生命的一切。最美麗的喜悅，往往來自於最少的期待。

——《風沙星辰》

我們不想長生不老，但也不想費盡心思，卻眼見一切轉眼成空。於是圍繞在我們身邊的虛無出現了。

*

這隻愛撫的手，貼在某人胸前，撩撥內在激情的手，撫摸著臉龐，改變了這張臉的手，是隻創造奇蹟的手。

——《夜間飛行》

或許我會這麼迷戀你，是因爲我創造了你，但有時候你和你的影像重疊了，無論如何，你和它更接近了。

*

很遺憾，你總是能狠心傷害我，而我總是防備不足。

——〈寫給里內特的信〉

這個微笑解放了我，就像太陽的出現，那麼確切，理所當然，無可逆轉。它開啓迎接新世界的入口，一切都沒變，只是蛻變了。

——《寫給人質的一封信》

用心才能看見一切美好，最重要的東西眼睛是看不見的。

——《小王子》

種了一棵橡樹，可別期待，接著就能在它的樹蔭下乘涼。

人只能感受到他內心理解的那個世界，如果想要迎接崇高的事物，並接收它的訊息，可得付出相當程度的努力。

——《風沙星辰》

我們只知道權力能讓人富貴滿盈，但哪裡才找得到人類唯一眞正的眞理？眞理不能利用證據推論，而是必須去驗證它。如果橘子樹能在這片土地上紮根，結出累累果實，在另一塊土地上卻不如此，那麼這片土地就是它的眞理。

——寫於莫斯科

如果某人心中的信仰、文化、價值觀、行動方式能觸發我們這裡所謂的實現，那麼這個價值觀、這個文化、這個行動方式、這個信仰就是這個人的眞理。這沒什麼邏輯可言，邏輯如何能解釋生命？不過是自說自話罷了！

——《風沙星辰》

如果你想造一艘船，請不要敲鑼打鼓聚集男人，要他們去劈柴、準備工具、分配工作任務，而是要激起他們對浩瀚大海的渴望。

——出處無可考

生命沒有答案，只有行動的力量：只要擁有這股力量，答案自然就會出現。

——《夜間飛行》

如果我們只為金錢和利益工作，就是為自己蓋了一間牢房，像個隱士囚禁在牢房裡。金錢不過是熔渣，無法讓生命更有價值。

＊

只有土地看得見種子的可貴。

＊

經驗告訴我們，愛不在於四目相交，而在於兩人望著相同的方向。

——《風沙星辰》

你必須先施才有得，先蓋房子，才能住。

——《戰鬥飛行員》

生命創造秩序，但秩序成就不了生命。

——《給人質的一封信》

蠟燭最重要的不是它留下來的蠟，而是光。

＊

對我們來說，如果流逝的時光不像一把沙般浪費、毀滅，而是完整了我們，那就值得了。

＊

如果信仰熄滅，神將死，一切也變得無謂。

眞實無所謂多寡，只在乎其是否有效。

*

施得多，成長也多，但必須要有接受的人。如果只有流失，那就不是施。

*

你戰勝了我，我因此更強壯了。

*

如果其他人弄錯了，因爲他們以自己的理解否定了你的眞理，如果你以自己的理解與他們抗爭，那你也否定了你的眞理。贊同他們吧！牽著他們的手，帶領他們！告訴他們：「你們說得對，但我們還是要登上這座山！」如此一來，一切歸於就緒，大家站在腳下被征服的高山上，大口呼吸這浩瀚的遼闊。

——《要塞》

作品

一九二六年：《飛行員》（*L'aviateur*）。

一九二八年：《南方郵遞》（*Courrier Sud*，德文版 *Südkurier*，勞赫〔Rauch〕出版社，二〇〇一年十月）。

一九三一年：《夜間飛行》（*Vol de nuit*，德文版 *Nachtflug*，尼梅爾〔Niemeyer〕出版社，一九九一）。

一九三九年：《風沙星辰》（*Terre des hommes*，德文版 *Wind, Sand und Sterne*，勞赫出版社）。

一九四一年：《給人質的一封信》（*Lettre à un otage*，德文版 *Bekenntnis einer Freundschaft*，勞赫出版社，一九九九年十一月）。

一九四二年：《戰鬥飛行員》（*Pilote de guerre*，德文版 *Flug nach Arras*，勞赫出版社，二〇〇二年九月）。

一九四三年：《小王子》（*Le petit prince*，德文版 *Der kleine Prinz*，勞赫出版社，二〇〇二年九月）。

一九四八年：《要塞》（*Citadelle*，作者未完成的遺作，德文版 *Die Stadt in der Wüste*，勞赫出版社，二〇〇二年九月）。

雅帝・亞歷塞斯・薛佛

（Addi Alexis Schaefer，當代人物：生於一九三七年，是自一九五〇年到現在的好友。社區大學教師）

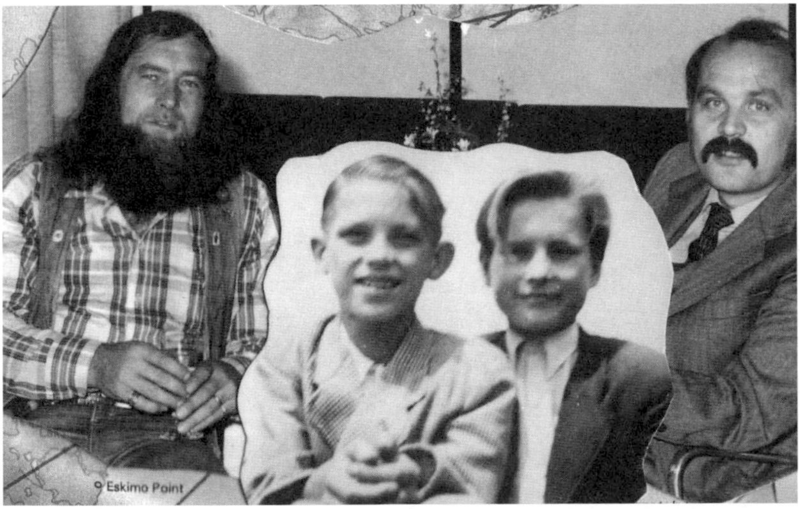

十二、三歲和上個世紀八〇年代的雅帝和我。（照片由衛浩世提供）

他是我最老的朋友，我們的友情至今已超過六十年。一九四九年，他隨著手提小行李箱的父親走在緊鄰魯爾河（Ruhr）畔的慕勒海姆（Mülheim）特斯特根街（Tersteegenstrasse）上，走進我們住的那棟樓房。他父親是宗教和德文老師，後來也教過我。他們一家搬進我們那棟樓，他們住樓下，我們住樓上。他母親和兩個妹妹隨後才從當時的蘇戰區過來。從此以後，我們成了好朋友。雅帝塊頭比我大，是我們全班最佩服的優秀運動員，大家都想當他的朋友，當時我和他最親近。雅帝也喜歡這種被眾星拱月的感覺，因為他有點自我中心。我們倆常膩在一起，後來我覺得很驕傲，因為我可以去安慰被他拋棄的女朋友。小時候，我們常吵著要當老大，於是我想到了解決方法：我成為我們街上一幫人的首領，但在我們這一小群人中我還是歸他管。

一路上我們彼此鼓勵，我們都想「在生命中成就點什麼」，後來我們也都成了「馬戲團團長」：我是法蘭克福圖書馬戲團團長，他則算是詩歌馬戲團團長。他以社區大學老師的身分在東威斯登法倫區格斯林根（Gestringen）附近的精神療養院任教，他和院裡的精障者組了一個迷戀詩歌的馬戲團，命名為「小王冠馬戲團」。他們常上德國電視表演，頗有知名度，因為精障「藝術家」完全融入馬戲團的表演，帶領觀眾進入另一種真實世界。

＊克利斯朵夫・史令根斯夫

（Christoph Schlingensief，當代人物：一九六〇年十月二十四日生於德國奧伯豪森，二〇一〇年八月二十一日逝於柏林。德國電影、戲劇和歌劇導演，〈廣播劇〉作家、表演藝術家、節目主持人）

獨到的免疫系統見解

罹患癌症時無法發揮功能的免疫系統是我的自我重要的一部分，關係著我是否有足夠的力量。人一旦違反自然本性時，就會嚴重削弱免疫系統的抵禦力量，這是醫學治療無法補足的（節自《法蘭克福眺望報》二〇〇八年克利斯朵夫・史令根斯夫專訪）。

我對克利斯朵夫有一種兄弟般的感覺，特別是在他逝世後，不只是因為他在距離我之前住院的那個小鎮僅數公里遠的地方出生、成長，我自己也深受這個社會的狹隘、病態和限制所苦，最後爆發，只是我的結果不像克利斯朵夫那樣。我用逃離和詩句依循本性：

之後我拉出了花朵

牠是一隻
睡鼠般的怪物
從不冒汗
從不哈哈大笑
連微笑也不曾有
只有敲擊金屬的聲音
一動也不動
牠動彈不得
結果招致了死亡

我遇見牠
在地方政治的
溫室裡
在老闆的
橡皮屋裡
我也登上了政治的奧林帕斯山
在民主化的
眾神中
看到了
這頭怪物

之後我拉出了花朵
出於純然的絕望
我親吻生命
在每個我發現它的地方
並投身沙堆中

讓我冷卻的沙堆
但睡鼠的屬性
向我襲來
我的呼吸變冷
我朝目標前進
步履沉穩
虛僞的
我的擁抱
在夜裡……

一九七七年四月十九日

（見《集書人：法蘭克福書展前主席衛浩世二十五年任內的祕辛》）

*安德拉斯・唐波

（András Tömpe，當代人物：一九一三年十一月十四日生於布達佩斯，一九七一年十二月十五日逝於布達佩斯。匈牙利共產黨員，機械工程師、軍事情報單位少將、外交官、出版社社長）

我在一九七〇年認識安德拉斯・唐波。當時他突然走進我法蘭克福的辦公室，自我介紹說他是匈牙利圖書出版社暨企業主席，然後沒說什麼開場白或為他的不請自來致歉，直接切入他此行的目的。他操一口流利的德文，只是帶著匈牙利人慣有的單調語調：「我希望匈牙利圖書出版社暨企業聯盟可以和德國圖書交易書商協會合辦書展交流活動。」

於是，我這個年輕的德國書展策展人和那位正值青壯年的匈牙利社會主義國家共產黨幹部開始一段謹慎的友誼。在那之前的十五年，匈牙利的全民革命歷經蘇聯軍隊的血腥鎮壓，才剛恢復元氣。

唐波當時五十幾歲，接近六十，一頭白色齊整短髮，嘴唇上方留有一小撮鬍子。他筆挺的姿勢散發著意志力和動力：他臉上露出匈牙利式的高貴微笑，開口說話時總特別強調第一個音節，彷彿匈牙利革命詩人裴多菲（Petöfi）時代的貴族就站在我眼前。

我們的話題很快就不只侷限於規畫和統籌書展交流活動等細節問題，更談到情感、人類存在及政治等議題。這段友情不超過二十個月，從一九七〇年春天他衝進我的辦公室起，到一九七一年十二月十五日我們在賽格德（Szeged）舉辦的書展即將結束時，他在布達佩斯的辦公室飲彈身亡為止。

一開始，我認為唐波的自殺與這次書展活動有關，因為籌辦期間他承受太多政治阻礙。這起事件我詳盡記錄在《憤怒書塵》的「一個共產黨人之死」。

或許上述的書展阻礙只是他自殺的導火線，而真正的原因在於他自己黨內的意見紛歧及黨內對手身上（包括一九六八年他強烈反對進軍捷克斯洛伐克社會主義共和國〔CSSR〕）。

現在我明白了，德國書展（在匈牙利的布達佩斯、賽格德和德布勒森〔Debrecen〕舉辦）和匈牙利書展（在德國的法蘭克福、慕尼黑和斯圖加特舉辦）交流，只是延後了唐波的自殺時間，他想以軍人的方式先完成和我們約定好的書展活動。

安德拉斯．唐波的經歷

安德拉斯．唐波的一生反映了二十世紀的政治動亂，這樣的混亂不時紛擾像唐波這樣獨立的政治靈魂。直至最後，他仍然堅持自己獨特的人性態度，也是他在狹隘的意識形態體制中所擁護的。在我們短暫的初識剎那，這歷經數十年抗爭治煉而成的獨特性就深深吸引我，讓我爲之欽佩。

一九三二年，唐波十九歲時開始在布諾（Brünn）技術大學就讀，那時候他已經開始從事非法左派活動，並且成爲學生非法組織的領導人物。一九三二至三五年間，他是《統一陣線報》（*Egységfront*）的編輯成員。

一九三七年，他自願加入西班牙內戰前線。一九三八年，他以第十三國際縱隊第五營中尉司令員的身分參戰。他參加了埃斯特雷馬杜拉（Extremadura）、亞拉剛（Aragonien）、伊布羅河（Ebro）和加泰隆尼亞（Katalonien）的戰爭，兩度受傷。戰敗後，他在法國位於聖賽普恩（Saint Cyprien）、古斯特（Goust）和維爾內（Vernet）的居留營待了兩年半。

被釋放後，他在德國德紹（Dessau）楊克工廠擔任工程師。曾協助七十名從事國際工人運動的匈牙利成員回到匈牙利，最後他自己也回歸祖國。

回匈牙利後，他立即投入非法行動，一九四三年被捕，囚禁於布達佩斯瑪格麗特（Margit）島上的監獄，但最後因證據不足被軍事法庭無罪釋放。一九四四年他入伍服役，隨著懲罰隊伍被派遣至烏克蘭。到達前線後，他投入蘇聯軍隊，被訓練爲游擊隊員，最後成爲游擊隊前導司令，在諾格地（Sándor Nógrádi）領軍下在北匈牙利行動。游擊戰結束後，他來到德布勒森與當時的臨時政府取得聯繫，並加入匈牙利共產黨。

戰後

受內政部長非倫克・愛爾戴（Ferenc Erdei）的委任，他開始組織匈牙利國家警察（PRO）

部門。一九四六年初，他帶領一個警察單位來到布達佩斯，要在安德拉西路（Andrássy út）六十號的建築物內部署，加伯・彼得（Gábor Péter，「匈牙利祕密警察」最恐怖的領導人物之一）當然拒絕讓愛爾戴派來的單位進入該棟建築。

當意見紛歧的問題釐清後，唐波的單位被配屬在內政部「政治調查部門」，但唐波和加伯・彼得之間的緊張關係始終未曾緩和。

布達佩斯警察副總長雅諾斯・卡達（János Kádár）發現兩部門間的緊張關係，於是寫了一封信給內政部長愛爾戴，建議將德布勒森的部分歸於布達佩斯警察總長的權責範圍。於是很快地，加伯・彼得接管了唐波大部分的下屬，唐波則被任命爲匈牙利國家警察「省」（在匈牙利，「省」泛指所有布達佩斯以外的地區，所以基本上這個國家是由布達佩斯和「省」組合而成的）警察總局的總長。

因擔任此職，唐波與米哈利・法卡斯（Mihály Farkas，與共產黨內掌有至高權力的第一書記拉科西〔Mátyás Rákosi〕私交甚篤）有不少衝突，但未繼續蔓延——算是唐波好運，因爲他和他妻子必須離開匈牙利。當時正值蘇聯啓蒙運動興起，共產黨需要大量領導主力人員，急須一對精通西班牙文、具備非法情報任務經驗的年輕夫妻前往南美洲。於是，匈牙利內政部推薦了唐波和他太太愛莉（Elli）。後來唐波夫婦在南美洲待了十二年，從墨西哥到阿根廷進行不同的任務。根據部分消息來源，他們甚至在古巴革命組織扮演重要角色。

身爲資深情報軍官，唐波對於權責機關蘇維埃祕密警察組織（NKWD）將領的官僚作風、死板及無擔當的決策態度頗有微詞，常表達不滿，也因此與蘇聯情報單位的領導階層陷入衝突緊張的關係。

爲了僞裝，唐波在南美洲的身分是大盤商，而且生意經營得非常成功。一九五九年他以蘇聯情報單位指揮官身分返回匈牙利時，身價已達數百萬。

回匈牙利後，他在內政部擔任要職（一開始負責內政部國家安全部門三分之二的業務，即情報單位負責人，一九六一年三月九日起負責內政部政治調查主部門）。然而，他與蘇聯高階將領的意見紛歧更形嚴重，因爲他對官僚作風、組織結構過於中央集權化和外部工作分配感到相當不滿。一九六二年，他自請卸任退休，僅擔任匈牙利社會工人黨（MSZMP）中央委員會的部門負責人。

一九六二至六三年，他開始負責匈牙利社會工人黨中央委員會的行政部門。他決定解決掉當時仍在內政部工作的拉科西的黨羽幹部（拉科西〔Rákosi Mátyás, 1892-1971〕爲史達林主義獨裁政權，一九五六年匈牙利革命前逃到蘇聯）。他反對數名國家安全情報局（ÁVH）前任高階軍官退任後仍續任官職，以及一九五〇年代曾嚴重違法的中央委員會檢查委員會成員飛倫克・納茲瓦爾（Ferenc Nezvál）繼續擔任司法部長。此舉使他與黨務最高領導階層陷入嚴重衝突，連卡達也不允許唐波繼續追查下去，因爲這件事無疑會連累到身爲內政部長的他，且可能連帶把蘇聯顧問在場的問題檯面化。

一九六三至六七年間，唐波成爲寇維納（Corvina）出版社社長。一九六七年他進入外交部，爲匈牙利人民共和國派駐東德的大使。從柏林觀察捷克斯洛伐克事件，讓他感到非常憂心。

蘇聯軍事干預後，一九六八年八月二十四日，他寫了一封信給匈牙利社會工人黨中央委員會，反對進軍兄弟國捷克斯洛伐克社會主義共和國（這封信的完整內容附錄於《憤怒書塵》同一章節）。他立即被撤掉匈牙利駐東德大使的職務。從柏林返國後，他成爲匈牙利圖書出版社暨企業協會主席。

唐波的自殺

一九七〇年秋天，他解雇一名下屬耶諾・基斯教授（Dr. Jenő Kiss），即匈牙利圖書出版社暨企業協會的黨祕書。基斯收下他應得的遣散費，對於被解雇一事，未採取任何法律途徑，但不久他向布達佩斯V區執行委員會控訴唐波（根據對當時情況的認知，一名普通黨祕書背後如果沒有強大後盾支撐，絕不可能對一位歷經西班牙內戰的戰將、蘇聯國家安全局將領、內政部退休少將及社會工人黨中央委員會前任主任委員提告。因此大家心照不宣，唐波的死對頭就是要利用這次機會和他算總帳）。

一九七一年一月十五日，審判後，執行委員會判決唐波有罪，唐波提起上訴。雖然他可以輕易要求黨和國家最高領導層級的支援，但他非常堅持以法律途徑解決，使用誠實的方法捍衛自己的清白。上訴後，這件案子即由布達佩斯社會工人黨執行委員會接手處理，該會仍判決他有罪，理由是他解雇基斯同志的決定，未事先與V區黨委員會討論。唐波提起再上訴，緊接著即進行針對他與地方小組黨祕書的懲戒訴訟程序。同年六月二十八日，他出席了布達佩斯執行委員會的懲戒委員會。懲戒委員會的主任委員綜合之前判定他有罪的調查結果，判了他毀謗罪，並宣判本案終結，但並未進行取消先前判決的作業。唐波想為自己的清白辯護，申請重新調查。於是布達佩斯社會工人黨執行委員會重組委員會，由國家安全部門前任軍官擔任調查員。重新調查後，唐波的申請再度被駁回。

這項判決將以極其羞辱的方式在「文化宮」的企業大會上宣讀。但在宣讀前幾分鐘，唐波要求稍候片刻，走回他十樓的辦公室。因為擔心子彈可能射穿薄薄的隔牆，誤傷他人，於是他請隔壁房間的人先離開，才朝頭上發射子彈。事後調查證實，唐波當天帶了兩把左輪手槍，以防萬一。

愛米爾・札托佩克

（Emil Zátopek，當代人物：一九二二年九月十九日生於克普尼斯〔Kopřivnice〕，二〇〇〇年十一月二十一日逝於布拉格。捷克田徑運動員，寫下一九五〇年代的跑者傳奇）

這位長跑健將和奧林匹克金牌得主刷新多項世界紀錄，是捷克斯洛伐克的民族英雄。鋼鐵般的意志力是他最強的特色，他穿著軍靴練跑，正式比賽時穿輕便運動鞋就能激發更多爆發力，跑得更快、更好、更輕鬆。

一九五二年，在芬蘭赫爾辛基奧林匹克運動場上，他贏得了三面金牌。如果說一萬公尺他最具冠軍相，那麼他在五千公尺和馬拉松項目的勝利就是傳奇了。五千公尺路跑決賽時，他本來落居第四名，直到最後一個轉彎全力衝刺，超越了領先的英國選手克里斯．查塔威（Chris Chataway）、金牌呼聲最高的賀伯特．沙德（Herbert Schade），以及他永遠的死對頭亞蘭．米茂恩（Alain Mimoun）。直到最後一秒，他才決定參加馬拉松這個他從未參加的項目。最後他贏得當屆馬

愛米爾・札托佩克，一九五一年。（SLUB Dresden / Renate u. Roger Rössing）

拉松金牌（兩小時二十三分三秒二），連同另外兩個項目，打破奧林匹克紀錄。

一九五一年九月二十九日，札托佩克在捷克史塔拉・玻勒斯拉夫（Stará Boleslav）已經創下一小時跑超過二十公里的紀錄。一九五四年，他破了一萬公尺跑二十九分以內的紀錄（一九五四年六月一日，他在布魯塞爾創下二十八分五十四秒二的紀錄）。同年在瑞士伯恩的歐洲冠軍賽上，他保住一萬公尺金牌頭銜，並贏得五千公尺銅牌。跑步時伸出舌頭是他的招牌動作。他和前輩芬蘭的長跑運動員帕佛・諾米（Paavo Nurmi）不同的是，諾米跑到最後總讓人感覺表情越來越優雅，札托佩克則大多給人筋疲力竭的印象。儘管如此，他贏了！由於他塊頭大，素有「捷克火車頭」的封號。

結束運動生涯後，這位知名跑者在捷克斯洛伐克國防部擔任軍官（最後升任上校），並且在捷克斯洛伐克社會主義共和國的共產黨擔任要職。然而，他因爲支持民主派系，積極參與布拉格之春民主運動，並簽署兩千字宣言。一九六八年八月，當華沙公約國軍隊進軍布拉格時，他穿上軍服爬上蘇軍坦克車，力勸他們回家去。緊接著，他被革職並下放到鈾礦場當苦工。

一九六九年七月十日至二十日之間，我在布拉格書展活動上遇見札托佩克三次。當時他因為積極參與布拉格之春民主運動，對抗社會主義的駐軍權力，已經被軍隊撤職。我在書展上一認出他來，立刻趨前致意，因為他不僅在運動場上表現優秀，也是一九六八年布拉格之春民主運動的歷史見證人。但他在戲劇化的那幾天扮演的角色，當時我所知有限。我們聊了起來，他

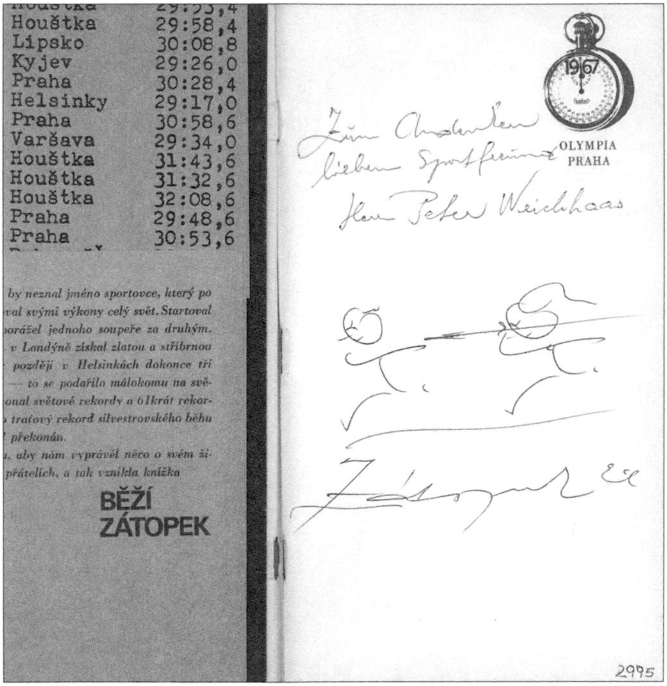

愛米爾・札托佩克書中爲我簽名題詞：「親愛的愛運動的朋友衛浩世先生留念。」

以目擊者的身分告訴我布拉格之春及後續社會主義「兄弟國」占領布拉格期間所有悲慘的經過，但對於他個人面臨的嚴重後果卻隻字未提。那是我回到德國後，才從西方媒體上獲知的。之後，我又在書展上遇到他兩次。我們找了地方坐下來聊了許久，這對他而言肯定很危險，因為他嚴禁與西方人士接觸，但他根本不理會這項規定。

札托佩克是一名戰士，從他出色的長跑運動生涯足以看出這一點。但和我聊天時，他顯得平靜、從容，偶爾還會開玩笑，言語之間更常聊起他的太太達娜・扎多皮克瓦（Dana Zatopekova）甚於自己。達娜・扎多皮克瓦也是一位偉大的運動員，札托佩克贏得奧林匹克五千公尺金牌的同一天，她在標槍項目也贏得一面金牌。

讓我印象最深刻的是他堅強的鬥士精神，但他的謙虛也令我讚嘆。他告訴我蘇軍占領捷克的行徑，讓我又氣憤又失望。他為自由而戰卻失敗了，也讓我感動不已（請參考我的著作《憤怒書塵》，頁二〇一至二〇四，安德拉斯・唐波致匈牙利社會主義工人黨中央委員會的一封信）。

我相信札托佩克是在我們書展期間被逮捕，而且被迫立刻離開布拉格，因為我們原本約定再見面，他卻沒出現。二〇〇八年法國作家尚・艾薛諾茲（Jean Echenoz）的小說《跑》（*Courir*）就是記載愛米爾・札托佩克的一生。這本書的德文版在二〇〇九年出版，書名一樣是《跑》（*Laufen*）。

11 勒恩小屋世界觀

整個復活節假期都在下雪。事實上，雪已經下了一星期，溫度大約零度到零下幾度。我幾乎無事可做，反正冬天了，花園裡的活也沒得做。何況我也眞的得服老，膝蓋疼痛，幾乎所有關節都在抗議：手臂、臀部、手掌，連右手大拇指也蠢蠢欲動。是因爲對天氣太有感了嗎？還是七十年的歲月開始讓人有知覺了？我小心翼翼地移動身子，幾乎到了步步爲營的地步，尤其是上下樓梯和在外頭雪地上行走的時候。我試著專注在每個動作上，可謂先思而後行：就是不能輕舉妄動！走在路上發現忘了東西得回頭，可讓我氣炸了。

但儘管如此，我還是堅持保留這鄉下小屋裡費工的暖氣系統。我劈好柴，拖著裝滿木柴的籃子、煤炭桶子和油桶進屋。將堆滿了木炭灰的箱子從樓上搬到外頭，把灰燼倒進鋅桶。等灰燼冷卻，再將它們收集到塑膠桶裡，環保局每兩週會來清掉。我之所以堅持這麼做，是因爲我想親手製造這屋裡需要的暖氣，這也是自主性的一部分。當熱水從牆壁流洩出來時，那種喜悅就像我在外頭體驗到新鮮事一般。

屋裡的一切大多是我一手打造的，舉凡內部的裝修、陽台、門、窗戶等。我想這就是我在這裡有認同感的原因吧！所有的東西和家具全依照我的意思擺放、布置。雖然我們城裡的租屋公寓同樣按照我們的意思安排、裝修，也很有家的味道，但感覺就是不一樣。

然而，城裡的生活似乎是殘障者的生活。所有東西全宅配到府，東西就圍繞在四周，信手拈來隨處可用，暖氣、燈光（城裡的生活幾乎沒有夜晚），還有噪音。水龍頭一開，水就來，暖氣機一開，暖氣就來。倘若什麼都沒來，我們就會大叫，因爲這些服務我們可都付錢了。對於提供生活便利性的這些東西，我們覺得陌生，因爲我們不知道暖氣和燈光是怎麼產生的。我們身處一個非由我們自己決定的環境；在這個環境裡，我們只是透過金錢間接得到服務。

勒恩小屋讓我在有限的時間裡選擇另一種生活方式，於是我回到過去，回歸過去的生活形態。會這麼做，不是本著偉大的懷舊之情，這麼做必須花費很大的精力和克服的勇氣，在這樣的高齡更是如此。

＊

目前我置身的世界不也像之前的氣球一樣？後來我突如其來被壯年時期戰場生活的那個氣球給「噗」了出來。然而，我們不也是總能在新的世界裡安頓好自己，然後把這個世界當成是唯一眞實的世界？

從小屋窗戶望出去，看著窗外濕答答的樹木，樹葉上還慢慢滴落著融雪。眼前這畫面裡，究竟哪些是眞實的？如果我無法用雙眼的目光從裡到外掃描過一番，這屋子的厚實牆壁還會爲我存在嗎？如果我是盲人，看不到眼前這片景象，那麼它們還是眞實的嗎？

世界觀

我問自己：地球上的一切會不會只是發生在我們內心，因爲我們有視覺，能夠感受到周遭的生命？我們之外的有機物成長，風吹、日夜的交替、海洋的呼嘯聲，如果不被人類的五官感應，不被人類有意識地看、聽、感覺、品嚐，尤其是視覺，它們會不會就發生在黑暗中，而不被感受到？

人類以行動實踐了神的命令：「要有光！」所謂世界就是我們在人群中、城市裡、戰爭中、暴風雨中、家庭中、在愛和死亡的剎那經歷的世界，這世界僅發生在我們內心，我們自己就具備所有經歷的意識。

阿拉伯人說：「一個老人去世，一座圖書館也跟著死亡。」我說：一個人死去，無論老少，等於包含他生命的一整個世界也隨之消失，包括回憶、對現在—未來還有希望的意識。

難道我們不能輕鬆地假設世界只存在於人類內心深處，所以這地球上有幾十億個世界活在人類的心中？雖然人類之外還有有機物體，但它們不過是無意識的生命和物質。

只是不被看見和不被感應的世界是黯淡無光的，我們的目光讓世界亮了起來。如果我們沒有眼睛，就會被宣告永遠黑暗，如同盲人。然而，盲人可以依賴明眼人，藉由他們的口述體驗世界。如果我們失去了眼睛、耳朵、皮膚的觸覺、鼻子、舌頭，也就是我們的五官，就完全無法感受這個世界。對我們而言，它不存在，我們也不再屬於有機物質。體驗世界就是用所有感官去體會，將世界引入自己內心深處。

存在於我們意識中、緊隨我們左右的那個世界，擁有我們能夠體驗的一切：風景、屋舍，還有一路上和我們相遇的人和逝去的人（他們沒有死，只要他們還在我們記憶中，就會在我們的意識中繼續活著）。

溝通的哲學

就讓我乾脆這麼說：我們體驗過的世界就存在於我們內心深處。也就是說，地球上有數十億不同的世界（多重世界觀點）。透過意見交流、對話和溝通（以和平的方式，而不是利用戰爭，可惜這種方式也發生過）進入其他人的世界肯定非常有趣。只要你被允許進入他人的世界，就能以美好的方式無限延伸自己狹隘的世界，進而豐富自己的世界。這可以透過任何形式與人交流來達成，例如：旅遊、談話、閱讀或戀愛，當然不包括自戀。

現在我明白了，這就是我終其一生不斷追尋和提倡的。人就是他眼中世界的創造者，無論是非洲黑人、巴西印地安人經歷的世界，或在終年冰山雪地過著完全不同生活的愛斯基摩人的世界，都是位於歐洲心臟的我們，也就是一般普遍白人所謂的世界。

在尋找文化自我、認同自己是德國人的過程中，我藉著勒恩小屋創造了一個有別於城市忙碌職場的另一種世界；城市裡的庸碌職場曾經長期牽制我。但不僅如此，我也從這裡出發，讓自己走進陌生（例如斯堪地納維亞半島、拉丁美洲或中國）的世界。我也努力體驗其他陌生人的世界，不只是去看山、城市或廟宇（這些只能擴展我的地理知識），更重要的是去接近其他人，接受他們的邀請、進入他們的世界裡散步。透過旅行、認識別人及閱讀都可以達到這樣的目的。我們藉由和他人溝通，體會世界。和他人的溝通是我畢生所求、所行、所願。

在暖呼呼的勒恩小屋裡，我埋在舒適的高背安樂椅中，點上菸斗，翻開一本厚達六百頁、用紅線裝訂的翻譯小說；那是幾天前一位中國詩人朋友推薦的。

12 亞洲行：遇見一個美麗的靈魂

抵達首爾的那天是二〇〇六年一個寒冷的二月天下午。我已經好久沒搭長途飛機了，必須適應一路上的舟車勞頓。但不一會兒，我覺得又置身於不知下一個街角會有什麼等著我、該走哪條路才好的期待情緒裡——去看、去迎接即將出現的畫面和人們，然後思考我的所見所聞。

南韓作家趙京蘭（Jo Kyung Ran）期待我的到來。我曾在萊比錫一場閱讀活動介紹過她略帶精練文風的小說《該烤土司了》及《大象怎麼進我房間》。她希望我下飛機後能直接和她用餐。其實我一趟飛來很累，很想休息，但我發現她非常重視這一次會面，也期待許久，於是立刻答應邀約。後來證明我的決定是對的。

我們約在我下榻飯店對面金融中心的咖啡廳「豆子咖啡」（Café Bean），她已經先到，等了半小時。之後我們前往她精心挑選且訂了位的餐廳，她負責點餐，我們聊了兩個小時，直到十點餐廳打烊了，才欣然離開。

經不起我一再要求，她遲疑地聊起自己：她剛滿三十七歲，談起自己的作品不夠完美，自己一無所有，沒有丈夫、沒有小孩、沒有房子，甚至連車子也沒有等等的挫敗感。

對我來說，這場約會重要的不是此刻她敘述的內容，而是她談話的方式。在她開口前，她的想法和言語輕輕掠過她那如花朵般逐漸舒展的臉部線條，像被閱讀到了，彷彿一本書。

她非常柔弱、敏感，我想也非常容易受傷，因爲她沒有任何防護。她完全坦承，毫無防備。她臉上的表情先形成想法，再用言語表達出來。我覺得在這種眞實狀態下的她非常美麗，我很高興和她見面，也很高興自己答應赴約。

是愛情嗎？不是，我對她不是對女人的愛，我年紀太老了，她太年輕，性愛的感覺離我很遠了。這種感覺像是友誼，或者說是父執輩的關心，以及能夠認識這麼美麗的人而感到的興奮和喜悅。

隔天中午，朴漢允（Bu Han Yoon，音譯）到飯店接我，我們搭金教授的轎車先到他在首爾南邊的房子接他，再前往山上的餐廳。餐廳名字我忘記了，但似乎是根據對面的山岳名而起的法文名字。朴漢允跟我解釋過，就像個音節字謎。

我和金教授談起韓國在法蘭克福書展的活動，以及中、日、韓三個東亞國家的文化本體，其中日本因其島嶼形勢扮演著特殊的角色（期間金教授不時引述以色列社會學家艾森斯塔特〔Shmuel Noah Eisenstadt〕的觀點），還論及韓國長期承受中國和日本殖民國家的壓力，仍堅持其傳統等等。我和朴漢允都對此次會談感覺獲益良多，雖然我不記得大部分的細節，但我希望已經把它們儲存在內心，將來哪天有需要就能把它們叫出來。

之後我們走了一小段路，來到山頂上一家咖啡廳。天氣冷得教人作嘔，零下十三度。我們喝了杯咖啡，慢慢接續剛已起頭的話題。

稍晚一行人下山，朴漢允和我在首爾韓國文學翻譯院（LTI）前下車。接下來和翻譯中心的K先生會談的內容實在無法與稍早的會談相提並論，大多侷限在例行性的招待服務，和大多數半官方聯絡人的情況一樣。

朴漢允陪我回飯店，我們走了約十分鐘。我把刊登在文學新聞上他的專訪給了他，然後像朋友般道別。他是個很聰明的人，安靜、目標明確，還說了一口幾乎沒有口音的標準德文。看來韓國文學翻譯院並不想要他，如果他去了，他的處境也會很困難：他會把那裡盛行的官僚思想和作風搞得人仰馬翻，因爲他太過強調學術性。

由於首爾另一位聯絡人崔先生（Choi，音譯）一直沒跟我聯絡，這個星期日沒有行程。吃完豐富的早餐後，我在冰冷的市中心散步四十分鐘。陽光普照，但完全不熱，氣溫只有零下十一度。中午我在飯店餐廳點了鮭魚，飯後回到房間，躺在床上小寐一下。但這之間。房間清潔人員不時吵醒我。

稍晚接到英格來電，她的聲音聽起來很愉悅，大概是因爲電話轉來轉去，終於聽到我的聲音。下午我打開電腦，重新整理我那本書正進行的印度篇。

晚上，我和趙京蘭約在一家義大利餐廳見面。餐廳晚上九點打烊，我們又搭計程車到趙京蘭常去的「你」（You）咖啡廳。

我立刻被她坦率、未經修飾的自我陳述方式所吸引。作爲一個人，她是綜合性的藝術品，善於語言和肢體動作表達，所以我相信她的寫作能力不是最強項。

我不禁想起和前任女友M分手時，她的怒吼：「那只是你那可惡的好奇心！」她的控訴確實有幾分眞實性。我認爲這種好奇心對我或其他人都是一種正面的吸引力。能對他人、陌生人坦率以待的人，總是能引起我莫大的好奇心。

但和趙京蘭說話時，我突然陷入一種她和我之間怪異的坦率競爭，看誰比較直接、坦率。她比較厲害，比較完整，也比較細緻，如我所說，她是「綜合性的藝術品」。我陷入一種讚賞的情緒，無法自拔，突然感覺腳底下的地板消失了，感覺整個人懸空，沒有支撐點，被吸入深深的漩渦裡，無法逃脫。

這不是愛情，也不是性吸引力，都不是。雖然她溫柔又女性化，但這跟她是女人不相干。彷彿是毫無防備的我暴露在她散發的光芒中，如日本作家安部公房的小說《砂丘之女》所描述的，我跌落沙堆滑向她、穿越她。不，不，絕對沒有觸摸這回事。我只是覺得無力、無助、無支撐點。

我必須作更萬全的防備。我太熱中於對方，過於坦誠。凡是我感興趣的人，總能全速闖進我的心，因爲我完全不設防。上次和書展同事聊天時，我就驚覺自己能感覺到他的慌張和疲倦。

不僅僅是我那止不住的好奇心，就像M當時所說的，更多是因爲我對我感興趣的對象產生無止境的移情作用。這或許和我失去如同防護衣的工作有關？亦或是生病所致？因爲生理的病痛讓我毫無防備地跑向別人，藉此逃避面對死亡？

隔天早晨我飛往台北，遇見趙京蘭的漣漪在我心中仍餘波蕩漾了好一陣子，她會是我美麗的回憶。

在台北遇到的這群人，同樣以人與人最直接的互動方式迎接我。我知道那不僅是首爾經驗的餘震。從事翻譯，同時也是兒童圖書作家的米莉亞・裴斯勒（Mirjam Pressler）和她集男友、經理、「家庭主夫」於一身的瑞納・史提恩（Rene Striehn）也在場。這位柏林「重建」出版社總經理和我聯絡；我們從我的拉丁美洲行時期就結識，當時他在翻譯重要的拉丁美洲暢銷作者的作品。另外還有年輕的波蘭女作家歐格・土卡庫克（Olga Turkazcuk），我在這裡認識她本人前，她的三本小說作品《烏爾和其他時期》（*Ur und andere Zeiten*）、《日屋，夜屋》（*Taghaus, Nachthaus*）和《櫃子》（*Der Schrank*）早讓我驚艷不已。

稍後，我和北京德國圖書資訊中心負責人王競（Jing Bartz）見了面。她相當踏實，美麗又聰明，是個從內心深處眞正體驗生命的人。台北行當然也要見見積極明快的郝明義。他這個人集勇敢、智慧、人類的善良和遠見於一身——尤其是勇敢，他的勇敢彌補了半身不遂必須坐輪椅的缺憾。

顯然，在這趟亞洲旅途上，和趙京蘭美麗的相遇讓我準備好體驗一路上更多快樂的接觸，那是我在首爾面對他人時感受到最美麗的心動。正所謂：要怎麼收穫，先那麼……。我想你懂。

13 書展策展人

一九九四年，世界書展主席首度齊聚義大利科瑪湖（Comer See）濱的貝拉喬（Bellagio）半島小鎮。我負責開場致詞，我以稍帶嘲諷、但嚴肅的書展主席自我定義掀開序曲，立刻引起在座書展策展人的共鳴：

我們到底是誰？

我們自稱主席、總經理（最近甚至還出現董事長或副董事長等頭銜），全是令人印象深刻的頭銜，但我們到底是什麼？——其實我們不過是某組織、機構、協會、集團、展覽或政府單位裡不起眼的雇員……

我們誤以爲自己擔任要職（因爲頭銜？）。搞錯了！其實我們身處於無數衝突的領域之間；身爲活動負責人，我們被迫接觸到與展覽相關的利益領域（例如布置的優勢、開幕時間、定價等），並且必須維持這些領域間的和諧。然而另一方面，我們的委託人又對我們有著不同且通常完全相反的期待和要求（包括政治、文化和財務層面）。在我們涉足的組織中，階級制度扮演著關鍵性角色：太多的人性行爲模式（如嫉妒、吹噓、表現欲、汲汲於名利等）無時無刻消耗著我們的力量和注意力。

我們須具備哪些能力？

我們必須善於組織、行政、表達；我們必須能獨當一面，懂得管理；我們必須承擔責任，並且具備承擔的能力。除此之外，我們還要有創造力、外交能力、責任感，具備構思和策略性的思考能力，扮演心思細膩的心理學家，得隨時攜帶正確的黨證，還要謙虛地躲在幕後。

沒錯，謙虛和自制最重要了，因爲幾乎所有參展人都自認比我們博學多聞，個個經驗豐富。那我們的委託人呢？他們雇用了我們，希望我們無怨無悔地幫忙策展、拓展展覽業務，但千萬不能表現得比他們還懂。

我們的目標任務是什麼？

只有一個：成功！不管何時、何處、用什麼方法，就是非成功不可。大家引頸期盼我們把展覽辦得很成功。此外，這裡還蘊藏小小的政治遊戲空間。我們如果成功了，原則上就能繼續做，一旦失敗——那可慘了！可會被所有人念破頭：包括我們的上司、所屬的組織、參展人……

我們會有何下場？

我們變得有點急躁、有點固執、有點神經質、有點孤單又多愁善感。是啊！但為了成功，我們必須迅速成長，成為寂寞的英雄，但這些英雄氣概只有我們自己知道。我們愛我們的工作，因為它代表對我們整個人的挑戰。我們全心全意為這份工作犧牲奉獻，因為不全心奉獻是不行的。我們總是衷心期盼，終其職涯期待，終有一天成功突破瓶頸，創造偉大、無與倫比、綿延不斷的成功，締造一個為我們帶來掌聲的成功，就此平息鼓譟不安的衝突。然而，成功就像是一隻膽怯的小鹿：每當我們想伸手抓住它的時候，它早就一溜煙不見了。

這就是當時那段冗長演講的開場白，但演講內容也確實闡述了我們職場客觀的一面，在此我想重新談談這個話題。當時，我想在一開場引起在場同儕親身經驗的共鳴，確認書展主席的定位。當時在貝拉喬的會場上，在場的二十位書展主席對於我的言論報以掌聲，頻頻點頭深表贊同。

法蘭克福的接班人

在我之後接任法蘭克福書展主席的後進也免不了進入這個力場的命運，他們一樣必須證明他們具備健康的彈性、人格完整性、力量和必備的自制力，能夠成功坐穩法蘭克福書展主席的位子。

身爲前任者的我就得被迫放手，而我也確實這麼做了，只要不危害公司本體即可。可惜第一位接班人，瑞士籍的羅任寇・R（Lourenco R.）在接任期間就發生了慘劇。

書展公司董事會對新任接班人懷有極大的期望，期待書展開創新風貌，只是盛況可能遠不如衛浩世在位的時候。他們歡迎任何創新的想法，只要是新穎、創新的，都能接受。因此在選新任書展主席前，立刻將我提議的接班人人選排除在外。獵人頭公司找來了一位瑞士籍新手，董事會認爲此人符合他們的期待，決定由他接任，而且是立刻。這樣的情況對於一個完全不熟這個領域的新手而言，也種下後續苦果的導因。

歷經多年的職場戰役，我已經遍體鱗傷：惜別歡送會和頒獎典禮等我配合到底，因爲此刻我一心一意只想離開。但我從不曾希望接班人最後會敗得這麼慘烈。相反地，一開始我曾接受他，試著爲他辯護；這也是後來前同事不時責難我之處。

如果那些抱持固執的期望、以爲終於找到一個符合期待的理想人選而決定任用 R 的人，沒把他逼得那麼緊，或許他也不會這麼操之過急，行事會更深思熟慮，而非鋌而走險。如果他自以爲能看清一切，只要下決定就萬事OK，那就錯了。

接班人剛上任幾天所做的事，就是毀了所有部門的基礎建設。來個人事大搬風，多年深耕國外業務的同仁突然轉調國內業務，而替補上來的人員卻對職務內容一無所知，部門主管全遭汰換，無一倖免。

連和我共事超過三十年的書展標誌也立即遭撤換。這點我可以理解，因爲這些標誌或許太過獨特，烙印的法蘭克福書展形象過於鮮明。改變對外形象最簡單的作法就是推出新產品來取代舊產品。然而，新標誌失去書展特有的時代精神。

我能體會接班人想盡可能快速擺脫前任者的心態。中華民國國父孫中山先生曾說過，中國歷史上每次改朝換代，總是先砍掉老將領的頭，士兵換上新戎裝，再建立新都。但這套作法在這裡怎麼行得通呢？

法蘭克福書展並非一年一度舉辦書展的展覽廳，而是交織著數千人期望和理想的國際性組織，牽動眾多不同且部分分散的利益，他們因爲不同的心性，各有其看待這些利益的切入點和處理方式。法蘭克福書展主管單位已受到國際肯定，即對該公司的認同感，這份認同感的立基點就在於運用其必備的專業知識和敏感度，將這份事業推廣到國際舞台上的人。然而，新接任者R先生對待擔當此重責大任的同仁卻相當粗魯，背離了這份認同感。

在對書展的認同感上，法蘭克福書展的行銷標誌也扮演著重要的角色。我們總愛把那兩本攤開、上下交疊的書稱爲「飛翔的書」。這個標誌隔年起確定不再使用，改用 FRANKFURT（法蘭克福）字樣的印刷標誌。

在 logo 當道的時代，只有舊款 logo 不再適用或者事業體合併必須產生新形象標誌，才會出現新的 logo。但賓士汽車和通用汽車（GM）合併時，他們決定保留雙方原有的 logo，因爲在他們決定合併時，雙方的 logo 和公司形象已強烈結合。他們有意識地讓雙標誌共存。但如果賓士汽車拿掉原有的星星，然後在世界知名車型的引擎蓋上寫上 STUTTGART（斯圖加特），也很奇怪吧！但他們卻計畫爲書展這麼做，認爲新的 logo 應該要有 Frankfurt（法蘭克福）字樣。

這位接班人讓我感到最訝異的是，他對出版商、書商及他目前工作所及的一切絲毫不感興趣。

我和 R 出差到華沙和萊比錫時，因爲行程緊湊的差旅和他有更頻繁的接觸，我試著整理出我對他的觀感。我對他這個人的評價，從同情、理解他的處境，到最後是完全否定。他常有狂妄自大的舉動，也常表現出一副比別人懂的傲慢，但不一會兒又突然變得具有高度敏感度，露出親切、幾近可愛的表情。

職務交接後，我在數星期出差期間和他有比較密集的接觸。我看清了一點：對於國際圖書業、這項涉及多重層面又彼此矛盾的產業以及法蘭克福書展龐大的生態，他毫無興趣。牽動他所有情緒的始終還是藝術以及他過去經營得有聲有色的瑞士巴塞爾（Basel）藝術展。

「衛浩世先生，圖像才是精神指標，文字已經落伍了。」他在華沙曾這麼對我說。他說完這句話，身體向後靠在咖啡廳的椅子上，圓滾滾的小眼睛像極了ＢＭＷ的車大燈，狠狠刺進我心。

我試圖順著他的思考脈絡，他大多以問句起頭，末了以瑞士人慣用的ch-oder?（不是嗎？）結尾。現在他只關心數位化未來的議題，因爲他堅信，和印刷圖書有關的一切已經out，包括出版社，甚至連交易所協會也將晚節不保，這塊領域無須再多著墨。

現在只剩網路新世界有未來，而在這個世界裡只有blue-chips可以讓他津津樂道，也是他願意投入的領域。我問他blue-chips是什麼?他說那是金錢世界、投資世界或泛指經濟世界裡重要的績優股。

我認爲在德國書商交易協會展覽公司（ＡＵＭ）改組這件事上，他完全沒有進展。「這個問題，您想怎麼處理？」我問他。我把之前告訴他的話重述一遍：「最基層人士的問題是當務之急，人事搞定後續工作才能順利進行。之後是控管、展覽持有人、監事會、德國書商協會。最後才是運用書展活動、整個國際書商、公眾、政治來處理我們被迫面對的現實問題。」

「滴水能穿石，衛浩世先生，滴水能穿石。」是他給我的答案。

值得非議的並非他所用的論點。談起行銷、更加四通八達的網絡、溝通，他條條有理，句句鏗鏘有力，沒人能反駁。値得非議的是他建構這一套理論的作法——踢掉所有奉獻過的人，讓他們的行為全變成愚蠢的行為。事實上，目前公司內部的人事就像雞飛狗跳的雞籠。大家驚慌失措亂成一團，流言四起，人心惶惶。認為必須自救的人，被激起人性最惡劣的潛能，不是拙劣地極盡巴結諂媚之能事，就是自私自利，或是以縝密的思考爭取認同。他們不會固定使用某種方式，而是輪流交替運用，現在諂媚，下一步又換自私，最後只能投降。

我一直搞不懂這是否就是當今最流行的管理方式：從上面宣布決定，然後讓相關行動主體，也就是人事，自行了斷。這和我理解的領導觀念截然不同。

R說：「這當然都是前任者的問題，因為他沒為同仁訂下規範。我們就開門見山地說吧，衛浩世先生，您是個標準的頭目。」

在R的表現中，我看不見他對他身上背負的任務該有的責任感，也看不見他對該處理的事務有那麼一丁點興致。他不時談起溝通，但他的行徑完全看不到溝通的影子。我看見他不願意正面處理事情，只是輕描淡寫地略過。我看見他不想承擔他被賦予的職務責任，只致力於取得權力和利益。

難道這些都是失勢前任者對現任者的嫉妒？我之所以願意花時間和精力來探討這個話題，是因為我從不曾停止對自己的質疑，我也不願跌進怨恨的情緒裡，而是盡可能保持客觀來看待整件事情的發展。照合約，我退休後六個月必須擔任「顧問工作」，因此我只專注於這個範疇，以及R向我提出問題的討論上。如果我覺得他提出來的計畫完全沒有附加價值，或者進行這樣的步驟會對事件本身，甚至爲他帶來實際傷害，我才會提出反對意見。對我來說，這眞的需要很強的自制力。很累人。

後來我稱R爲「異形」，從另一個星球來的。他來到和他不同，而他也不願融入的集書人群中，以另一種生活系統的規範行事、決策。他對自己和自己的思考邏輯信心滿滿，對擺在他面前、有助於維護和延續書展事業的其他人事物毫無興趣，不具一點點的好奇心，完全陌生。法蘭克福書展主席職務人選的安排竟可以荒謬至此，令我深覺不可思議。

詳述這麼一大串細節之後，實在也沒必要一一說明R高調宣布進行的幾個專案，諸如他想在紐約開辦國際性的「法蘭克福紐約版權展」（Frankfurt N.Y. Rights Fair），以及法蘭克福積極接管華沙書展的行動。

紐約開展的計畫是錯誤的，因爲該案未與參與夥件諮詢、協商或討論，美國方面對此計畫甚感混亂。美國多年來，特別是在美國書商協會（American Booksellers Association）創辦的美國書商協會會議與貿易展銷（American Booksellers Association Convention and Trade Exhibit）書展垮台後，一直希望將美國書展發展成類似法蘭克福書展規模的國際性特許活動，但一直無法如願。讓美國人也感到混亂的是，因爲集團內部競爭，讓展覽時間與美國書展相近的倫敦書展成功穩住春季開展的地位。對於此事，美國出版人協會負責人帕德・施洛得（Pat Schroeder）在《出版人週刊》（*Publishers Weekly*）中表示很受傷，同時覺得傷害到別人。二〇〇一年九一一事件之後，美國人的神經本來就很脆弱；法蘭克福書展在紐約開展計畫一宣告，即被解讀爲對美國和美國出版界的戰爭宣言。

選擇紐約也是錯誤的決定，因爲這樣同時傷害了倫敦。

除此之外，在紐約舉辦活動所費不貲（金錢和精力），那是當時公司規模無法負荷的。另一項錯誤是，這項計畫可能會爲法蘭克福書展帶來可怕的後果，出現眾所皆知的「蠶食效應」。福特汽車自家品牌曾經出現嚴重的蠶食效應，因爲在自家集團內推出互相競爭的車款。最後一點是計畫本身錯誤，因爲它完全無法爲法蘭克福展覽館帶來任何效益，沒有周邊衍生商機、沒有成長、沒有形象加分效果，只有負面效果。

積極爭取接管華沙書展一事又有其他前因後果。我不明白這對法蘭克福書展有何好處？我得到的答案是：「華沙可以幫我們擴展東邊的業務。」但這是什麼意思？在白俄羅斯、烏克蘭、波羅的海、哈薩克斯坦招攬法蘭克福書展的客戶嗎？比起透過華沙書展，我們當時在這些國家舉辦研討會還取得更好的在地關係。這些奧德河（Oder）以東的國家和其他書商發展國家一樣已經無法取得任何實際成果，必須透過推動的方式協助其發展。這是我們一直以來努力在做的，也肯定是波蘭無法取代我們的地方。

此外，華沙當時在書展支配權議題上正處於痛苦的內部分歧，沒有人可以輕易代表華沙書展出頭。安德烈・諾瓦科斯基（Andrzej Nowakowski，波蘭書籍協會主席）、阿爾布雷特・雷普（Albrecht Lempp，隸屬於波蘭的歐洲文化促進協會〔Villa Decius Association〕）及喬治・波古塔（Grzegorz Boguta，前任波蘭書籍協會主席）三人，都想搶奪自社會主義時代以來即負責書展活動的波蘭華沙書展協會（ARS POLONA）公司，並將該公司發展成波蘭出版產業的統籌中心。文化部內部也有一些人支持該項計畫，但波蘭書商似乎尚未達到那樣的共識。另一方面，華沙書展是唯一寡占、民營化的波蘭華沙書展協會國際貿易公司唯一眞正賺錢的事業。接管書展的動作形同毀了這家公司，他們勢必誓死抵抗。

讓整個情況更加惡化的是，波蘭華沙書展協會在內部鬥爭中削弱了自己的力量，公司徹夜撤換任職多年的負責人摩妮卡・比亞利卡（Monika Bialicka）。當技術長得知自己不是比亞利卡的接任人時，即自動請辭。而華沙書展媒體發言人多伯雷奇（Piotr Dobrolecki）早已先發制人，轉而支持挑釁者那一邊，後來接下波蘭書籍協會的發言人職務。這項職務之前並不存在。

德國最大的電信公司執行長羅桑莫（Ron Sommer）下台，以及R被法蘭克福書展掃地出門的新聞，沸沸揚揚數星期之久。對德國大眾來說，兩事件有一個共通點：兩人都是一九九〇年代中期因電子媒體迅速蓬勃發展、社會籠罩在高度期待前途無可限量氣氛下的產物，在高漲的激動中，大家認定什麼都有可能。持續不斷經濟化的春天終將來臨，只要快速利用新技術取代一切舊的、傳統的，迎接燦爛的未來，便能轉型晉升global player（全球玩家）的行列。於是，無視可能的損失和已擴大的組織，一窩蜂盲目投入所謂的「現代化」和投資冒險中。這些冒險投資到頭來並未實現它們的承諾，還造成社會不健全的發展。

這幾年，IT、網路、通訊產業開始泡沫化。這之間也證實，以長期來看，資訊科技雖然蘊藏極大潛能，但一九九〇年代對該產業過度樂觀的預估也只是幻影。春燕飛走了，當時前途不可一世的明星產業如今也成了破銅爛鐵。

現在大家都看清楚了，掀開面紗看清一切的董事會也嚇了一大跳。其實就在不久前，同樣是這群標榜傳統就是過時理論的董事會決定了這位「領導人」，並且逼他走上歧路。

我所期待的已經明朗化，書展負責人這份工作必須有別於政治性和組織性的工作，這項「事業」置身在政治、社會及高度敏感的產業裡，想在這裡成就事業的人必須具備警覺性、深思熟慮的萬全準備，才能接近最難纏的客戶。

我的書中經常提到「權力」。在支配如展覽活動的社會工具時，權力扮演重要的角色。但我認爲權力也是危險的毒藥，喝下未稀釋的毒藥，也可能讓擁有權力者自食惡果。濫用權力反而侵蝕了你原來認定方向、投注目標的目光。權力容易被濫用來滿足私人利益。僅靠運用權力爭取到的目的終將變得模糊，最後只剩下追逐權力的欲望。

我的接班人R的例子如出一轍：在很短的時間內，他失去他對國際書商這個目標領域的目光，只汲汲於勢力操弄中，把自己累得筋疲力竭。R這麼快就被掃地出門，可謂其來有自。

*

之後的接任人沃爾克・N（Volker N.）同樣選擇權力作爲他的存在方式。他享受擔任法蘭克福書展這個世界知名企業頂尖領導人的權力，以及這個意外落在他身上的高位。他並不想先去瞭解這個突然落在他手上、他接手掌管的工具究竟是什麼，只是肆意享受這個職務可能會帶給他的權力。

一開始他還有點不知所措，尤其是操作國際事務方面。於是他先拉攏公司的媒體發言人站在他這邊，也就是有國際事務經驗的侯格・艾林（Holger Ehling），特別爲他增設之前不曾存在的副總職務。然而，在N還沒克服一開始的不確定期之前，他的表現就讓同事們大失所望。這讓原以爲事業從此將飛黃騰達的他開始亂了手腳。

現在我們這位集權力於一身、總是笑臉迎人的領導人（他之前擔任貝塔斯曼的行銷部主管多年，學習到表現最快樂的自我是最好的自我行銷，並以此作爲他的生存方式），不具備任何他該具備的能力，只是盡情享受作爲國際領導人物的存在價值。

他唯一引起國際注目的舉動就是由於法蘭克福市的飯店價格太高，決定將法蘭克福書展移至慕尼黑舉辦的決策。

我小心翼翼和他談起此事：「您當然可以這麼做，我也作過兩次同樣的決定，也都成功了。但我要提醒您，瓶子裡的精靈被放出來後，就很難再把它抓起來塞回去……」他頑皮地回答我：「我不會這麼做的，我在慕尼黑還有間公寓。」這時我終於明白，這人已經無可救藥了。隔年他的合約沒再續約了。

*

繼他之後接任的人，基本上和前兩任是完全不同體型、不同風格的人。尤根・B（Jürgen B.）非常認眞看待書展事業，風度無懈可擊，態度謙虛，甚至有點太謙虛。他不喜歡出鋒頭，個性親切又有魅力。連我都想接近他，但不是以前輩或吹毛求疵者的身分，而是以朋友的身分。我發現尤根也有權力的問題，情況卻和前兩任主席大相逕庭：他非常不願意使用權力，即便非不得已的情況。還記得羅素（Bertrand Russel）在其著作中這麼描述所謂「執行者」的權力：

> 在一個人人都可得到權力的社會系統中，原則上，對權力有特別強烈喜好的人會去接受權力職位。「執行者」身上必須結合偉大的統帥和外交官的特性，戰爭的時候冷酷無情，談判的時候卻深具機靈妥協的能力。人類透過這些特性就能掌握對重要組織的控制權。

要符合這樣的條件，連我都覺得有難度；羅素的經濟領導人的理想形象連我都望塵莫及。

顯然B也缺乏這樣的行爲特性，或許這就是爲什麼一開始我覺得他容易親近、想和他交朋友的原因。

然而在漫長的領導生涯中，我從痛苦的經驗中學習到，領導人貫徹決策的時候，缺乏目的性地運用權力是無法成功的。B先將指令下達給中階主管的同仁，由他們全權處理，透過這樣的方式試圖解決這個問題。但即便如此也需要領導，也就是隨時檢查同仁是否依指令行事。少了監控或指正，不對下屬施加權力，領導者永遠無法達到期待的目標。

然而，看著現今的書展，困擾我的已不再是書展目前的領導和管理作爲，而是我退休後與書展日常工作事務在時間上逐漸拉大距離。我把檢視重點放在書展事業本身。

我指的是書展的內容。我終於明白，展覽企業所有人的工作主要就是提高業務的利潤，鮮少聚焦於提升展覽本身的內容價值。然而我們身爲書展策展人，主要的服務對象是參展人、出版商和書商，以及他們代表的書籍和作家。展覽組織的重點和投入方向應該以書籍及其內容爲主軸，這使得我們的任務更具策略性，但也更迷人。這個目標單靠建立書展參與者對展覽會場的情感連結也辦得到，這是我們書展策展人努力的方向，也是期望成功永續經營的書展必備的考量。

展覽呈現的並非無可動搖的穩定建築物。如前所述，法蘭克福書展不是舉辦書展活動的展覽館。法蘭克福書展和任何展覽一樣，依照某一產業多人共同的約定，在某個特定的時間定期聚集於某處，目的在於以買賣版權或實體書籍的產品獲取利潤。但大家都瞭解，不是每個大老遠跑來參展的人都能達到這些目的。即使在成功的展覽上，成功達陣的比例也不會超過一半。有趣的是，另一半參與者還會願意花大筆旅費，忍受舟車勞頓的不適，期待下一次展覽，並不是因爲他們期待下一次一定會滿載而歸，他們前來的唯一動力就是他們對展覽會場的情感連結。

我們法蘭克福書展透過各地研討會、書迷活動及參展人的「成功」體驗值來建立這種情感連結。這種「成功」體驗甚至不一定是參展人自己的成功，可以共同體驗別人的成功、共同體驗喜悅。

如何創造這樣的成功感受呢？

歷經一九七〇年代中期法蘭克福書展多年的負面形象，我成功利用內容性活動的安排讓參展人心中燃起共同見證一場成功展覽、明年一定再來重溫的感覺。我們在重點主題導入文學活動，這些活動在內容設計上無關展覽上買賣交易的利潤，而是著重在書籍本身的內容、作者的情感呈現，簡單地說，就是書展上原本應該體現的價值。

由於參展人很難評估參展的效益，在展後直接計算金錢數目，僅能就數值分析、預估未來買賣的可能性來評斷，因此參展人很容易被周圍正面的感覺、氣氛或媒體、甚至是謠言所感染。每個人都討厭失敗及失敗後產生的沮喪感，因此當媒體大肆傳播正面消息時，他們也樂於沉浸在喜悅的氛圍中。

一份針對一千九百七十六位參展人的問卷調查結果顯示，十三%以上的受訪者評估今年拉美文學主題活動的商業成功度爲「很好」和「好」，儘管官方統計結果顯示書展上的交易銷售額和去年相當。

書展和其他電子展覽或消費性產品展不同，不是功能性展覽。書展上展現的是價值（文學、哲學、科技、藝術），我們著重的是書籍及其內容，我們不能將這些摒除於外，這也正是所有參展人對書展最強烈的情感連結。

然而沒有人想要從歷史中學習，這是不爭的事實。即便是以過去歷史的勝利爲基礎繼續做起，也不會受到接任者的青睞。有一次在國外，我和B結束當天參展活動後，一起坐在飯店吧台裡。B頹喪地對我大聲說：「我究竟該怎麼做，才能**管理**好**你的**書展？」折磨他的正是這種無法重頭來過的感覺，顯然每位接任類似領導職務者都必須經歷這項課題。

曾經，法蘭克福書展嘗試和以往不同的改變未果時，我在書展上已蔚爲流行的「新話」（Newspeak）發表了一則幾近救世主的訊息，希望藉此導入創新的書展風貌：

> 基本上，現在的書展不同了，不再只著重於圖書及其內容上，而是「將content（內容）作

> 爲我們的基本元素」。Content是我們這個環境以及讓所有來自國際重視content的人齊聚一堂的法蘭克福唯一恆定的元素。法蘭克福書展就是「圓桌會議，媒介的展覽」：目標在於促成marriage of content and tools（內容與工具的結合），不再只是純粹的stories（故事），而是在於其「跨媒介的表達方式」，最重要的就是資料、資料、資料。過去重視content的產業將注意力集中在產品本身，現在他們學到要發展平台，讓content在平台上可運用於不同的產品上，成爲一種新的workflow（工作流程）。
>
> 這種「聚焦於content」的說法表示產品會變得比較不重要了嗎？其實也不盡然。但產品不會只像我們過去理解的「書籍」概念那麼固定和明確。未來的產品不再是完成品，而是「不斷封閉測試的beta-testing」……

這種攙雜英文流行術語的溝通模式無法符合與書展建立情感連結的任務，不僅是因爲它不利於現今書展的目的和使命。當大家瞭解這是怎麼一回事，一定也會認定這純粹是以利潤爲考量。這種考量對股東短期的利益肯定沒錯，但對於書展長期的願景似乎是死路一條。

這其實也預告了我們一九九三和九四年「法蘭克福邁向電子化」（Frankfurt goes electronic）的結果。當時對於這種新式電子媒體的討論重點在於，我們願意接納這項新媒體，並將它與書的世界連結。然而在我們的想法中，這是爲了書展的利益才加入並運用這項E化媒體。如今，網路提供的產品琳瑯滿目，與傳統圖書世界幾乎平分秋色。在Google、Amazon或Facebook的網頁上有無數的行銷工具讓網路達到無遠弗屆的境地。但反觀傳統出版界卻是財力匱乏，特別是在廣告工具上更是捉襟見肘，無法有效爲他們出版的重要書籍招來讀者。依我看，出版界應特別深入瞭解這個領域，書商才不會在與數位化業者的競爭中全軍覆沒。

深入瞭解新媒體世界的行銷語言，可以作爲E化書展（也可涵蓋於書展範疇內）技術發展上的行銷活動，但不能因此過於剝奪書展的價値，使得書展扭曲成爲功能性展覽，否則將會自食惡果。

爲了讓讀者更清楚瞭解，我再回溯到一開始提及的一九九四年貝拉喬世界書展主席會議（Conference of International Book Fairs）上有關書展工作原則的演講內容。當時我觀察到的法蘭克福書展的基本模式，後來幾乎也成爲所有國際性書展依循的架構標準：

先來看看我們工作領域上的基本模式：以「書展」的定義來看。

——展＝意指市場（供給和需求）。展覽／市場上的客户原則上來自外界（買方：書商、書籍愛好者、圖書館、機構、大學）。

書展的一個特殊現象是：賣方同時也會是買方（出版界彼此的版權交易）。

——書＝「書」在我們這個產業不僅是該市場的產品描述，也是定義其展覽活動的內容、價值和文化意涵（以推動閱讀、資訊介紹、譯入／譯出其他語言的翻譯作品、溝通、地區整合等主題的方式進行），是展覽組織必須考慮到的方向。

市場就是權力，市占率帶來金錢。這應該是再清楚不過的部分。只要擁有市場，我們也可以毫不遲疑地舉辦汽車展、保健展或烘焙展，到處都有生意可做。

而這也是書展目前的趨勢，大型的大眾化出版商亦然：現在流行什麼，就生產什麼。只要有利益，例如稅賦優惠等，就好辦，文化永遠是最冠冕堂皇的藉口。

這也是可行辦法，操作起來或許更簡單，因爲目標很明確。然而，我們工作的複雜性（也是其迷人之處）在於客户投入市場的產品所傳遞的內容：即所謂的社會重要性、文化價值、想法。

如果我們只關心市場面，等於放棄了我們工作上重要的盟友：媒體。他們幾乎只對書展提供的內容感興趣。

但我們可以這樣做嗎？出版社在產品內容市場化時沒有媒體的支援？不行！出版商當然需要媒體。如果我們可以提供媒體爭相報導的活動，那也等於提供客户最重要的服務。里德集團（Reed）底下的紐約ＡＢＡ書展和倫敦書展老是搞不定媒體。

所以，如果以類似消費性產品展僅以交易的角度來籌辦書展，等於有意識地強調，書展策畫公司利潤最大化的重要性高於對書展客户、出版商和書商的服務品質。

或許各位大多已經有些瞭解，或者可能從一開始就相當清楚自己陷入雙面性的展覽工作，但在這種「不文明」展覽業工作形態的挑戰下，我們會不斷強壯，在最後一刻爆發最強的力量。

成功的展覽管理

所謂成功的書展，我的定義如下：書展的成功必須顯示在出版商的損益表上，以及參與者的腦海裡。

因此我們必須更努力提高參展人數，因爲參展效益的成功與否難以評估：很難單純以參展後收到的金錢來計算，必須評估許多不同的元素，攤位上直接成交或收到的訂單絕不是最關鍵的評估要素。

反倒是，參展人得到的資訊、可單獨或與他人共同進行的計畫、提供或取得的版權選擇、取得的市場走向資料、建立的人脈關係和聯繫、感受到的趨勢氛圍等，才是更重要的指標。

在自我評估參展效益時，會加入這些模糊、非具體的意象。我們可以、也必須影響這些與氛圍相關的模糊意象。實際參與一個他人或媒體批評不斷、甚至負面評價的活動，或親自參與一個自己和他人都有相同興奮體驗的活動是不同的。自己親身參與兩者，不同的情況會有不同的看法和評價。

經濟發展深受心理行爲的影響，我想這是普遍大眾能夠接受的道理，也適用於書展上。

所以我之前簡單地說，成功的展覽在於參展人的頭腦，其實眞正意思是，讓參與者確信自己參與了一場成功活動的信念。而這樣的信念可以透過展覽的相關報導來建立，報導的內容可結合市場相關資訊及書展活動。

以上就是當時演講的內容。

如果我們執意增加攤位和入場券的銷售數量及價格，讓收入最大化，那我們在意的只是產品的外在形式，而忽略了產品的核心價值。如果我們只致力於滿足部分參展人的功能性，因爲這樣比較容易賺到錢，那就對不起花費可觀金錢和時間來參加我們書展的那群人；他們通常是自行投入產品內容，且大多爲此活動自我壓榨、辛勤付出。他們來參展，希望藉此吸取勇氣、肯定及金錢，書展結束後回到故鄉，可以繼續面對生產書籍和銷售最困難的問題。

如果我們僅依賴書展上虛擬形態的交易，很快就不會有書展了。這種無形的交易可以在網路上進行，電子商務公司不需要攤位，也不需要花費到展覽地點的差旅費。充滿無數人性（不是只有虛擬的）互動、運籌帷幄、飲食、慶祝活動、演講、耳語的書展媒介本身將成爲歷史名詞，而我們書展策展人也將隨之消失。

突然間我明白了一件事，我終其一生投入、美麗繽紛的圖書世界，也在在體現法蘭克福的時代精神。

*

為了書，我和書一起抵達我正式職涯的終點。十八年來，我致力於世界書展主席會議的網絡連結、書展以及書籍——即便退下法蘭克福書展主席的位子仍未中斷，因為我每兩年就被同儕重新推選為此菁英組織的主席。

二〇一二年於台北舉辦的書展主席會議期間，結束有關法蘭克福書展問題的演講之後，我宣布卸下該會議主席一職，因為我不想再承擔從法蘭克福書展主席職位退下後書展內部的發展。臨別前，我由衷感謝所有會員的耐性，以及我們過去多年來在貝拉喬（兩次）、法蘭克福（勒恩）、墨西哥瓜達拉哈拉、哥德堡（Göteborg）、北京、首爾、布宜諾斯艾利斯和台北的會議上，以及無數次在一年一度的法蘭克福書展會場上分享、互動的友誼。我們成功組織了這個友誼的組織，不是以競爭對手的姿態，而是以友誼互相扶持。因為置身於多方追求自身利益的耗損環境下，書展主席的工作是非常孤單的，志同道合且同為孤單者的人聚在一起，能創造最大的喜悅。

這一次在台北舉辦的世界書展主席會議在台北國際書展（TiBE）執行長黃寶萍和其同仁的精心籌畫下，辦得相當有特色。我也在這最後一次的會議上卸下會議主席的職務，所有會員欣然接受，但他們要求我以「榮譽主席」的身分繼續參加這個會議。

告別書展

我老實說：「當初二〇〇二年結束三十二年的法蘭克福書展工作時，就應該『離開這個組織』。」

我卸下法蘭克福書展的工作，是因爲我累了，感覺自己病了。我不是被解雇，還可以多待幾年。

歷經千辛萬苦，終於簽下我的退休合約——董事會當然不會那麼容易放過我——不久，一連串大大小小的疾病開始冒出來，癌症、糖尿病、心臟病等，幾乎讓我瀕臨死亡。二〇〇〇到〇四年間有很長一段時間是在醫院度過的，動了一連串重大的手術。

但我度過了這個艱辛的階段，因爲我沒有放棄抗爭，決定放手一搏，努力回到那個被法蘭克福書展烙上印記的職場生活（這段職場生涯記錄在我的著作《集書人：法蘭克福書展前主席衛浩世二十五年任內的祕辛》〔英文版 *See you in Frankfurt*〕），當時要不是我重新找到重回書展生活的路，肯定回天乏術。

於是我又開始穿梭在重要的書展活動上：前往萊比錫、華沙、布達佩斯、布拉格、賽薩羅尼奇（Thessaloniki）、倫敦、哥德堡、瓜達拉哈拉、北京、首爾，足跡也深入南非開普敦、阿布達比、孟加拉、烏克蘭的蘭堡（Lemberg）、巴勒斯坦的拉馬拉（Ramallah）。當然也出現在每年的法蘭克福書展上，我再熟悉不過的展覽館裡，首度以觀展人的身分重新認識「我的書展」。

我看著每次書展的發展，分析它們的組織架構，然後和書展主席討論我發現的情況。那是一種類似友情顧問的工作，我發現這樣的方式在大多數情況下比較容易被接受，也是相關人等所樂見的。

我最關心的是，書展管理階層不要減少對圖書、作者和出版商付出的努力，尤其是面對目前圖書媒體與電子媒體之間熾熱的競爭情況（我承認這種競爭會有其正面效應。一九九三和九四年時，我不是也以「法蘭克福邁向電子化」這個標題正式將這個新媒體導入法蘭克福書展嗎？）

我相信實體印刷圖書（包括電子書）一定能繼續存在的價值和空間，現今在印刷媒體和電子媒體白熱化的競爭中，很多人一定趨向站在電子媒體那一邊，因爲這樣才能「跟上時代」。而且電子工業具備龐大的財務工具（特別是行銷方面），印刷工業和出版業與其相較之下，簡直天差地遠。

我們代表的是書展，不是電子展，圖書產業正深陷困境，急需我們的支援。過去書展一直肩負傳播文學、哲學、知識和科技，亦即思想與文化的責任。這並不表示必須將其他媒體排除在外，相反地，其他媒體應該也可以在書展領域內大展身手，得到曝光的機會。然而，書展的焦點應該仍放在圖書上。

其次，我關心的是我們這個組織——世界書展主席會議的延續，這個「迷人」網絡連結建構在競爭書展間的友誼上。在資本主義掛帥的競爭世界裡，這樣的組織眞的非常獨特，甚至連英國里德集團的老闆、紐約書展、倫敦及東京書展的持有人暨籌辦人都曾恭喜我創立並維持這個組織這麼長的時間。各位應該還記得，幾年前我們完成了 Salon International Latino Americano Rotativo（SILAR）——整合拉丁美洲各國的西語市場計畫。此外，我深信，如果沒發生接管華沙和倫敦書展那兩起事件，相關領導人早就成爲我們的忠實會員了。

好吧！讓我們忘掉這一切。華沙書展仍繼續由來自華沙的雅多娜・Z（Aldona Z.）代表。或許當我不在的時候，法蘭克福書展的大頭頭會再度參加或派個能夠代表法蘭克福書展的人過來。

無論如何，我希望透過我在台北的演講清楚表明，身爲失職主席要爲這兩事件負責，同時也要爲我這十二年來無法說服我在法蘭克福書展的接班人參與這個組織表示負責，這是我這一次引退的兩個原因。

最後我衷心感謝各位對這個組織的支持、協助及各位的友誼。希望各位書展事業成功，並期望「世界書展主席會議」維持各書展間友誼的理念長存。

在這一席話中，我告別了與書展最後的正式連結。

我終於解脫了。在十二年前體驗被氣球「噗」出來的戲劇性退場之後，在七十五歲這一年，我終於從多年來代表一切的生活中解脫。現在，我可以自由地迎接生命最後階段更重要的東西，自由地思考基本的、心靈的事物，以及對所有生命純粹的愛。

然而即使是現在，我也不會停止對集書人的關心，我會繼續找尋他們。

14 年屆七十

年屆七十了，每個動作都得小心翼翼，每個步伐都得全神貫注，眼神隨時盯著不平坦的路面，膝蓋的關節炎可經不起一丁點的誤入歧途。反正我現在的一舉一動幾乎到了動輒得咎的地步。喝咖啡的時候要一口一口慢慢吞嚥，免得嗆著。食物要選擇輕食，難以消化的大餐，我敬謝不敏。葡萄酒倒還蠻常喝的，但以前常用來減壓的烈酒早已列入黑名單了。坐下、起身也必須特別謹慎，下車、下公車或火車時，我腦中會事先計畫每個細節，然後依步驟緩緩進行。現在我的動作無法那麼及時，幾乎得步步爲營，謹愼爲之。

但這樣的方式可眞保我平安，至少到目前爲止沒發生什麼大災難或意外。現今的我身體無恙地輕鬆過活，我仍保有好奇心，尤其是對我周遭的人，我想瞭解他們如何掌控生活，我喜歡傾聽，也喜歡訴說。

我終於體悟到什麼是漣漪般的整體性生活。對生命的領悟會隨著年復一年增加的年輪不斷擴大，我不再汲汲於追求目標，而是停下腳步，環顧四周，和人們聊聊他們的生活故事，駐足在生命漣漪的中央靜靜地、從容地感覺漣漪逐漸往外擴散，一圈一圈消失於無聲中。我以崇敬和謙卑的態度看著生命，感覺好輕鬆，有時還感覺幸福洋溢。

Hermes 013
書展邊緣的獨行：法蘭克福書展前主席衛浩世回歸自我之旅
Nachrichten aus dem Off

作者：衛浩世（Peter Weidhaas）
譯者：張淑惠
責任編輯：潘乃慧
校對：詹宜蓁
封面設計：三人制創
法律顧問：全理法律事務所董安丹律師
出版者：英屬蓋曼群島商網路與書股份有限公司台灣分公司
發行：大塊文化出版股份有限公司
台北市 10550 南京東路四段 25 號 11 樓
TEL：886-2-87123898 FAX：886-2-87123897
讀者服務專線：0800-006689
Email: www.locuspublishing.com
http://www.locuspublishing.com
郵撥帳號：18955675
戶名：大塊文化出版股份有限公司

總經銷：大和書報圖書股份有限公司
地址：新北市新莊區五工五路 2 號
TEL：886-2-8990-2588 FAX：886-2-2290-1658
製版：瑞豐實業股份有限公司

初版一刷：2013 年 2 月
定價：新台幣 350 元
ISBN：978-986-6841-23-1

Printed in Taiwan

國家圖書館出版品預行編目資料

書展邊緣的獨行：法蘭克福書展前主席衛浩世回歸自我之旅 /
衛浩世（Peter Weidhaas）著；張淑惠譯 .
-- 初版 . -- 臺北市：網路與書出版：大塊文化發行，2013.02
面；　公分 . --（Hermes; 13）
譯自：Nachrichten aus dem Off
ISBN 978-986-6841-23-1（平裝）

1. 衛浩世（Weidhaas, Peter）2. 回憶錄 3. 出版業
784.38　　101025465